手作日本深味道
自然發酵的飲食調味

陳釀時光

洪金珠 著

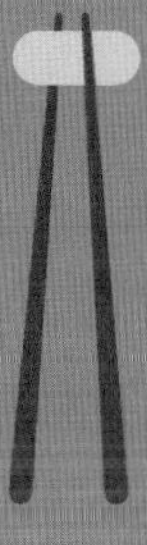

目次

第三章 智慧鼎心

第四章 精神品味

第五章 鹽糖洗禮

推薦序

洪さん的世界

這本用中文寫的書，我幾乎只能靠著想像才能閱其事，所以我只能談一些她這個人及有關她的事。

洪さん在時報工作時，她曾幾次帶我去台灣，她總是努力做個女主人，她決不會把自己的事放在優先位置，只要是我想去的場所，就算平常一般觀光客不去的地點，她也很有勇氣地帶我們去。

洪さん無論在誰的面前都是一樣態度。她在記者採訪會上，不管對她的上司、後輩以及女攝影記者，遇到的有錢人、穿著華麗衣裳的占星師、甚至來幫忙做翻譯的義子，期間她帶我見過很多人。然而，她對任何人都是同樣的態度，她那種堂堂然，連我都為之動容。

而且，洪さん也帶我去她在台北的家，位於大都會的大樓裡面的住家，也許不算富裕，只是很普通的家，家人為我們送上熱茶，大家圍繞著母親笑顏滿面的情形，這時真的讓我感受到這才正是「我的台灣」。那時洪媽媽的笑容令我終生難忘。

如今已退休的洪さん，她已進入了所有入口食物都講究手作的田舍生活。她的生活世界，既不是「日本文化」的實踐，也不是「昔日台灣」的再現，那是她為了表現她個人獨特文化與品味，所展現出來的「思想實踐」。我推薦這一本洪さん的生活世界，因為閱來令人為之心快。

吉本芭娜娜

序言 一盞夢

兒時曾患夢遊，直至懂事依然經常夜啼，做著一個揮之不去的相同的夢。

有時半睡半醒之際，爬到大哥書桌上呆坐，有時又似游魂在灶口來回踱著走。夢做得逼真時，我便會開門往外走，開始驚險萬分的夢中遊。盛暑夏日鼾熱午睡，瞬間襲來一陣天旋地轉的「色彩」，可憐小人兒嚇得無語落陽街上亂走。只記得，小手擊響人家之後，狂奔避入無人巷落，喘息哭訴之餘，突覺腳下熱氣四射，仰頭承雨，方知此時正站在迷濛西北雨中。

大約八歲那年，我偶然記住了「夢」的內容，從此由那糾纏難醒的夢境中解脫。擾我多年的同一個夢，是個閃著白光淡淡七彩的輪盤，像醫院手術台上方的探照燈，也像是閃閃發光的萬花筒。初識無蝶，他說他家老父於南京除役時帶回中國繡花燈一盞。童年的無蝶，常在夜色中看著老父點燃那盞旋閃無常，抱著酒瓶醉眼望向滿庭點點的空茫。

無蝶幼年的走馬燈，我雖無緣親見，但一聽我就懂，那當是高掛夜空一盞無聲的「花火」。第一次見到無蝶，正坐在台中往台北的國光號上，他便告訴我關於他父親的故事，以及老父一面喝酒看著繡花燈失落的神情。不知為何，當時想像著無蝶老父從南京帶回的繡花燈，我就預感著我將與這個人攜手相行後半輩子。那盞走馬燈般的繡花燈，不正是我似曾相識的夢一盞？

如此近乎宿命的夢，對我的人生而言，到底含有什麼不尋常的意義？特別是在日本東海大地震以後，更急切地想探究那盞夢對我人生的意義。為再探那盞童年之夢，我曾試著如鮭魚般逆游回溯，捨階踏上葬於時間砂丘上的記憶。我讀了夏目漱石的《夜十夢》、谷崎潤一郎的《夢浮橋》、三島由紀夫的《豐饒之海》、芥川的自傳體短篇小說作《齒輪》等，各種日本文學裡出現的有關夢的深層描寫。

同時，我也開始研讀精神科醫師兼心理學家榮格的著作，榮格的深層心理學帶給我極大的啟示。榮格認為「夢」是人心裡最深層的「集體的潛意識」，特別是那些不斷重演的夢，多半與宗教或古老的神話有關。榮格本身曾做過一個有名的夢，他夢到自己走到山腰上的禮堂，進入其中，看到一名行者正在打坐冥想，仔細一看那行者長得跟自己一模一樣。因為長得實在太像榮格本人了，夢中的榮

格因此大驚而醒。榮格為自己解夢說：「那男人睡夢中夢見了我，他看到的夢就是我現在的我，那個男人若醒了過來，那麼我就不存在了……」

我想，榮格要說的是：人的深層內裡，有一個從未讓自我發現過的自己，而人過半百進入人生思秋期時，很自然地就會想去發現那個未知的自己。然而那個自己要如何從「潛意識＝夢裡」找到或夢到？從小在西方基督教家庭環境中成長的榮格，提出了中國道家思想的「道」，那是指人向內探挖潛意識的「道」。榮格的深層心理學認為，任何人都可以靠深層心理學的解夢找到自己，並因此認識了集體心性與個人心性對立的矛盾點，從而在自我與集體之間找到新的適當關係。

簡而言之，榮格本人曾親身體驗的心靈之旅，近似一般所說的內觀療法，榮格稱這種自我向內觀照的旅程為「自己實現」。從某個角度而言，榮格認為一個人的後半生若沒有經歷向內觀照，追本溯源自己潛意識裡的夢，其實等於沒有達成「自己實現」。然而，觀照之旅是危險又孤獨的旅途。四十歲以後的中年人，任誰都有可能發生思秋期憂鬱症，尤其是過度遲到的中年危機，通常潛在著人生重大變故或死亡。

為了追究「夢」，我意外地迷濘進入日本文學森林，同時也在榮格與佛洛伊德的深層心理學中溜轉。在學問與生活之間迷失了年復一年。最後，我甚至鼓起了最大的勇氣，隻身踏上了回家、還鄉之路。生於台灣複雜移民社會的我，時值二十歲的那年，即遇上了全家兄姊、父母先後移民南美洲的家族離散；全家人移民超過三十五年之久的南美洲，連父親病故南美之際，我都不曾踏上「故土」為父弔喪。可能是一種賭氣，我一直對「回去」南美的路，既遲疑又憂慮。

然而，五年前，終於為了尋找那個夢，第一次鼓起勇氣踏上南美洲的土地。在聖保羅機場附近的大市場，興奮地啃咬著十幾年不曾吃過的脆芭蕉，摸著沉甸甸比台灣更大更紅的大芒果。啊！人過中年何必多怨，南美洲又何嘗不是我夢寐以求的故鄉呢？與十年不曾相見的母親相擁，母親身上的氣味、溫暖柔軟的胸部，立刻令我流淚哽咽。啊！久別重逢的母親，真的讓我憶起兒時的那盞夢，讓那夢不完的一盞更加鮮明。

年過九十的老母，某日把自己小時候在彰化鄉下發生的故事，重新搬到當下的南美洲上演，而且還很有興緻地把它說得栩栩如生。一個月的返鄉時光，我發現已安於晚年的母親，大部分的時間都在睡覺，她一天當中若有醒來，就摸著我的手，對我叨叨述說著她的故事。我明白，那些有關她在伊瓜蘇瀑布展望台上方看到的三重浦、板橋，還有彰化和美（母親的生長故鄉）街上的情景，應該是她白天或夜裡的夢。

一九九九那年，不識字的老母年初喪夫、年尾喪子，當年滿心傷痛、一臉茫然的母親，一直記得翌年總統大選的那一票，她投給了與長子同年的陳水扁，說到陳水扁她會想到已故的長子。老母安靜地對我說：「現在我都沒夢見妳大哥，我想他大約在那裡過得很好，可能還一直在當總統吧？」這幾年她已不再談及逝去的大哥及父親了。

在南美的整個月，我都在觀察著母親，她是如何治癒自己的傷痛呢？望著母親沉睡在沙發上的臉容，彷彿身置夢中夢的不真實，然而，這不就是人生嗎？如夢般的人生。

從南美洲返回日本後，我依然沒有從夢中甦醒，我處於喪失時間的失落之中，有時出門買東西、上圖書館，會忘了時間，迷迷糊糊地困在夢境似地回不到家。後來，無蝶也發現我因為長期追夢的旅程，讓身心困入疲憊的牢獄。在最危機的心理情緒期，我與無蝶關係近乎破裂，因為我將潛意識裡的「自己」投射在他身上，那種不能相融的對立感讓我經常對他發火、動怒，像極了控制不住、暴跳如

雷的猴崽子！幾經激烈爭吵、離家出走，最後我自己也意識到，再不走出夢的迷障，我的人生都要因此破滅了。

從南美洲回來後，某日我們因小事爭吵，我一個人一直沿著河堤走了好久好久，從早上走到下午傍晚太陽快下山了。回到家時，我已經累得忘了為什麼跟無蝶爭吵，我好像剛從夢遊裡醒過來似地問無蝶說：「人在夢裡時有沒有時間？」無蝶說：「有，而且那些夢裡出現的時間，鐵定是變型、扭轉或重組的。」無蝶學著我的夢囈口吻說：「不要說人的夢中有時間，在夢中的『我』也有個夾在時間細縫、絕對自由的超我。」無蝶所說的「超我」，是否近似於中國古典文學及傳統思想裡，那個被集體潛意識囚困千年的「真如」呢？

向內自剖的庖刀

自從成為一家之煮後，重新研究日本料理的起源，因此發現了日本庖刀文化的精髓。從某個角度而言，庖刀就像料理人潛意識裡的另一個自己，凡學會了操刀其實就是練成了身心合一。出師的廚子總舖，都像個武士般帶著自己寶貝刀上廚，而且日本料理多奉菜刀為神，用壞了退下來的庖刀還要送到神社供起來。當年棄筆執刀開始研究料理，也順勢進入日本文學的五臟六腑，從此往後，遊走在「文學與醫學」的山脊上，縱看文豪們的精神地窖。

第一次拿刀是在上小學後，我趁父親及哥哥不在家，偷偷拿出爸爸藏在牆縫的破菜刀，依樣畫葫蘆拿著切菜刀吃力地剁著鈍鉛筆。兒時是否因「剁筆」而傷已不復記憶。總之，從小我凡見鋒利如刃者，即避之唯恐不及。多年前無蝶贈我銳利庖刀一對，閒來無事還教我如何磨刀。知我心者莫如夫也，今生無蝶於我，如師如父；和平主義的無蝶教給我的刀法，是一種向內、向下的自剖。

無蝶常跟我說：「向內探尋的這一條路，就是面對自己的戰爭，在找到自己能滿意的自己之前，即始發生驚險萬分的對決，要記住，一定要找到和解的方法！」無蝶常鼓勵我說：「在發現自己時，要學會跟對方做朋友。」至於自己如何跟自己做朋友？首先，就是先把自己交由庖俎、宰割下鍋，然後調理烹煮成為佳餚以「利口」。日文的「利口」含有智慧的意思。總之，要先讓自己「利口」，才有可能讓自己把自己吞進去也。

在這場尋夢的過程中，我巧遇了詩人兼精神科名醫齊藤茂吉，並因此開始研

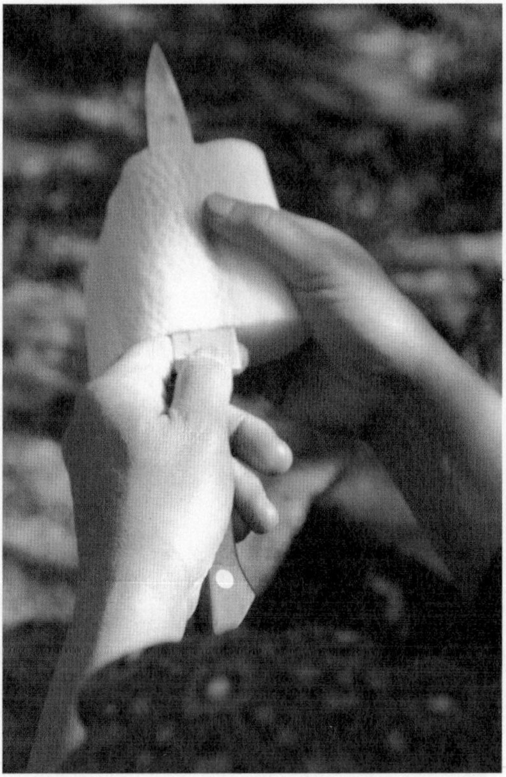

讀已故文藝評論家吉本隆明《心的現象論》，進而接觸到三木成夫就臨床解剖醫學所解釋的「心」的位置。後來綜合各家的思想學說，加上文學創作上所討論的心；筆者認為，心應該是從司掌創作及感性的右腦，向左半身指向熱血脈動的心臟，然後是繼續往下到司掌飲食的胃。心不僅指腦細胞與心臟的互動，心在中國古典文學及漢醫學來看，同時可以等同於人的腸胃。因此，從舊教的祭司到佛教的僧尼，他們都把飲食當做一種修行，把共飲共食當做與神交流的儀式。

醫學兼思想家的三木成夫從胎兒的「夢」分析，人於懷胎時在羊水中與母親共鳴的心跳韻律，並在母胎時一面由臍帶吸吮養分，一面「夢」見如真似幻的「波」，這即是我們人最初的「心」，這即是一般所說的初心。而認識母胎時的初心，即是榮格所說的實現自己的「道」。依照三木醫師的解釋，無論是金光閃閃的粼波還是河海洶湧的景象，全是我們未生之時在母胎內所看到的「夢」。

人在粼波浮沉的母海當中，總會看到一座橋，它即是中國神話所說的奈何橋，日本人則在文學表現裡稱為「夢浮橋」，兩者皆認定那是人往生之前必有的夢，所以佛家及道家也說人臨死必見「奈何橋」。總之，無論古今哲人，偉大思想家都說生死有夢，人生若無夢，何能渡得過生死關頭？撰寫這本書期間，筆者先是被醫師宣告「乳癌」，後又發生東日本大地震，最後愛犬 Sakura 竟也因得了癌症治療中。這些同時到訪的死亡陰影，都代表生離死別的不安；在寂滅未到之前，人之生其實日日難安；死也許不可怕，但無夢的日子令人不安。

為了找回失落在夢裡的時間，我潛意識裡在誘發著「夢遊症」持續發作，連日常都進入了夢遊般的夢中夢思考，我像被另一個我放逐在潛意識的迷宮而走不出來，身陷連續又斷裂、反射又折射的鏡子世界。我陷在內在的世界好深、好久。若不是無蝶隨手為我準備的家庭口味，其實我可能至今還深淖在鬱藍的夢世界。我就在這樣有無蝶為我提出來的「夢滋味裡」，不知不覺把另一個自己給吃了進去。

日本人形容令人懷念的好味道為「深」，這個「深」與入夢的深淺有關，那是一種「似曾相似」的前世因緣。我總覺得，味覺中的那種「深」，像是喝了奈何橋下孟婆湯忘情水，那像依然刻印在五臟六腑的前世今生因緣。我開始認真地思考，除了在娘胎時的那個初夢外，人臨終臥床時應該也有個能見的夢，那可能是進入另一個世界的心。能讓我們如赤子般安心入夢，並順利邁向森羅萬象的回歸之路，那麼臨生死之際的安心之道，除了如夢的味覺之外，別無他物！

生涯患有躁鬱傾向的夏目漱石曾在他的代表作《心》，開宗明義地說「執筆如持心」，夏目文學的筆下其實就是帶領讀者走向內心的一種文字療程，漱石顯然透過執筆，既像操刀自剖，又彷彿料理自我。料理完成後，把它們擺盤擺得細緻、完美後端上來。就像文學的緣起般，日本的料理源流也來自古中國，因此也可以深入推演而論之，日本文化裡所講究的心，跟文人墨客的自剖料理刀法般，都與東洋集體的潛意識及味覺有關。

清末民初曾足跨中國、日本及台灣，人稱辜瘋子的辜鴻銘，曾經公開發言說：「今天的日本人才是真正的中國人。」結果，當年的愛國革命分子批評他，不過是瘋子的瘋言狂語。筆者相信，當年辜鴻銘就像同時代的榮格般，為時代痴人說夢般地在日本文化中找到了自己。熱愛三寸金蓮的辜鴻銘，深得飲食男女其中三昧，在回答英國記者發問：「何以中國人熱愛臭小腳？」辜瘋子的名言是：「這就像你們西方人喜歡臭起司，吃前還聞其味，兩者一般！」這話當場令英倫小記者，為之言塞。

不少朋友對我說，他們第一次來日本就有一種說不上來的「似曾相識」。從味覺到餐盤，從街角的小孩到石板斜坡上含笑行儀的阿桑，不同的場景及人生巧合都令他們感覺如夢置境。幾乎不分省籍，也無分男女性別之差，甚至與宗教信仰也無關。凡來自漢文化圈的朋友們，日本的生活文化很自然地觸動他們的心弦。那些說不上來的因緣，讓他們愛上了日本，也讓他們自稱他們的前世為「日本人」。

終身受癲癇之苦的志賀直哉，在自傳體小說《轉生》中把吃這件事，描寫得與似曾相識貼近不算，還把中國的九尾狐狸精輪迴轉生到了日本的神話，寫得栩栩如生。《轉生》描寫患有癇癲、又愛碎碎念的老公，碰上了粗心大意的老婆，兩人因個性不合常吵架鬥嘴。這對歡喜冤家因此相約來世要變成一對恩愛鴛鴦。老公死後，依生前約定變成了公鴛鴦，老婆卻忘了生前兩人的約定，竟變成了一隻急著找老公的母狐狸。結果，母狐狸找了許久總算得與「公鴛鴦」面對面了。然而，久等不著母鴛鴦的公鴛鴦，只見一隻不稱頭又白目的母狐狸現身，此時公鴛鴦已怒髮衝冠盛氣難平。母狐狸雖連聲道歉，但事實已難有什麼好結局！兩隻不同世界的動物久久對峙無著，這時怎奈旅途飢寒的母狐狸，乾脆一口就把公鴛鴦給吞進肚子裡！原來，把那似曾相識前世的因緣，吃進肚子裡，也算是愛情的表現！是的，飲食在中國古典文學、日本文學裡都含有結緣之深意。

筆者從生活的體驗得知，「真愛」必須建立在「推心置腹」的信賴關係上。愛，必須敢冒被對方「吃進去」的勇氣，而那些含有父祖代代相傳「愛」的味噌、醋酸菌及優格乳等，從飲食生活中學習與細菌「共生」的智慧，正是東洋醫學的源點。那些有益人生的「活菌」，只要我們學會愛它、照顧它，然後把它們「吃進去」。它們即能為我們洗心滌腸，從而成就我們的一顆好心，甚至能讓我們融通無礙好智慧！

仔細整理比較台中日古典文學有關料理的隱喻、食譜記載，筆者比對它們的起源及歷史變遷。在這些追根溯源的過程中，筆者發現日本料理從它注重形式，講究刀工作法，採用發酵調味，甚至注意節令時鮮入菜，連碗筷擺置等等，幾乎無一不是起源自古中國。就連京都的家庭口味煮物、料亭的懷石料理，甚至經典的「摘菜料理」等，這些已被列入世界無形文化遺產的傳統料理，它們的源頭無一不是來自古中國。

做為發酵調味品的研究者，最後我不得不承認，日本的傳統料理百分之百影射了中國味！就像榮格知名的夢境般，日本料理中如夢的滋味，其實就是台灣人或中國人潛意識的另一個自己。譬如，孔子的《書經》裡說，殷高祖武丁對臣屬

期許鼓勵所說的一段話：「若作酒醴，爾惟麴蘗；若作和羹，爾惟鹽梅。」這個麴蘗指的是麴米，酒醴即是甜酒釀，和羹即是菜湯；至於鹽梅則是釀得恰到好處的梅干。上述各品，歷經了四千餘年，依然傳承在當今日本人的餐桌上。讀到武丁這一段話時，筆者第一次認識到日本的飲食及文化深層，正是我們夢中集體潛意識的真如時，我像榮格夢中見到自己般，嚇得大吃一驚，完全醒悟了過來。

這本書談的不僅是飲食的心，其實也想把勞動的身體表現出來，如果身體缺席在生活中，其實是空洞失真的，如果沒了勞動的身體做出來的料理也不會有機。沒有健康的身體，其實也很難入夢、做夢，更不要說發現自己。很多人都知道人的身體平日要鍛練才能健康，其實人的心也是要不忘演練才能保持平衡、柔軟、會變通。心的鍛練唯有靠自發性的吃苦、愛苦、受苦。簡單地說，人有個健康又能吃苦的身體，才能體會如何保持健康平衡又有機的心；凡生活的「作法對了」，心就離健康不遠了。

感謝我的母親賜給我一個好身體，讓我十年來不停地腳踏實地，在屬於自己的園地上栽成了一顆心。這本書算是無蝶與我同行的西遊之記，也算是筆者執刀自剖獻給讀者的一顆真心。這個以心說夢的故事，絕對是可以食用的，大家可以躺著讀，也可以橫著看，甚至也可以逆向或倒立地讀它。但不要忘了用身體實踐。這本書讀起來，也許有些地方猶如攝心之苦，但只要細慢地讓意識與潛意識在口裡咀嚼自然發酵，即能感受到那種有夢的深度。

前言　有夢的滋味

據說，正常人的夢境通常是黑白，而且人的夢境裡即令出現食物，夢中人也不會有味蕾的感覺，醒來之後也忘了吃了啥東西。不過，不知為什麼，筆者從小做的夢就是帶著色彩，而且往往出現各種滋味。如果問我，什麼是有夢的料理？那是說不上來的身體記憶，那是來自母親輕柔的呼喚，也是回家的指引。那種因緣巧合，就像紫蘇遇上了梅子，也像酵母碰到了蒸熟的米，更像黃豆故意與麴謀合混為一體。它們因為巧遇自然地結合發酵，然後就沒來由地進入我們夢裡。

日本人稱讚人做得一手好料理時，通常會說「這味道好深」，那是指被我們遺忘在另一個世界的味覺，應該是第一次吃，但我認識你！那些能打動人心的手藝，通常不是什麼大菜或料理，而是能化入夢裡帶著故事的調味品。這本書裡介紹的人生滋味，全是筆者親身體驗。盼望透過這些帶著千古人類共同的夢，含有老祖宗智慧的發酵食品，能因此定著在讀者的心，從此得以夢見了自己！

許多人都感受到地球的不安，氣象異常及自然的反撲，感受到文明走到了盡頭，但卻又只能駐足不能回頭。大家都知道，歷史只能往前走，人類是再也回不了頭。但無蝶說，時間不一定是直線進行，它可以往上盤旋也可以往下走，人可以向內、向下走進自己的身體，也可以向天空宇宙追求億萬年的神祕。回去，並不一定是指還鄉或故土，人的回歸可以在夢裡，也可以在心裡。但我們又憑什麼能憶起回去這條路？簡單地說，就是心經說的「眼耳鼻舌身意、色身香味觸法」，是打從娘胎的味覺記憶。

人每天都在食桌前上演各種悲喜劇，但不識母乳滋味應該是人生最大的悲劇。日本人從小說到電影，都對母乳有很多著墨。日本人對「乳」的執著，顯然不僅是戀母情結而已，還包括釋迦因為牧羊女的羊乳粥，從而醍醐灌頂的宗教澈悟。對乳味的崇拜，日本人的漢詩及古典小說中，把母乳及人乳當做一種神藥般描寫，可以治癒嚴重燒燙傷，也可以令人起死回生。《源氏物語》橫笛卷中曾提到，雲居雁脫乳撫慰被亡魂嚇到夜啼不止的幼君。結果，哭累的幼君含著乳頭，就入夢睡去了。除了母乳，日本人也愛大豆做的豆乳，更習慣用豆腐比人心。

心樂如豆腐

父子三代同為精神科醫師的齊藤茂太，在《如豆腐》一書中，談到做為精神科醫師，讓他保有健康快樂的心情，莫過於「如豆腐」的人生哲學。茂太說，他母親輝子死前吃了「言問團子」，父親茂吉死前則吃了一小口鰻魚，父母從個性到飲食都是水火不容的兩個極端，茂太從小生長在衝突不斷的家庭。戰前戰後的亂局中，適逢本身中年危機的茂太，還被編進陸軍醫院擔任精神科醫師。這些人生經驗，讓他看盡了人生的貪瞋痴。茂太認為，要讓自己從苦海解脫，唯有像豆腐般融通無碍，才能像金剛經說的「應無所往而生其心」的道理。

齊藤茂太往往樂於自曝人生缺憾，挖出父母不合的心理糾葛，與同世代的讀者分享。他認為，人要像豆腐般丟掉個性，無我無心如豆腐，才能讓人恢復平安。茂太生前指定，臨終時想吃他今生最敬愛的豆腐，希望豆腐引領他來世成為「四角四面的佛頂面」。茂太先生對豆腐的愛慕，簡直超越了對自己身生父母。他歌頌豆腐剛直正面，經過炸煮煎依然保持其性，即令不小心掉落地上沾汙，只要撿起輕拍細洗，土砂無損豆腐的顏面。

自家手作的花生豆腐

據說，豆腐是漢高祖劉邦的孫子劉安所發明，隨著佛教僧人飲食傳入日本後，從味道、形狀及製法歷經兩千餘年，依然被日本人保留在餐桌上。淡泊的豆腐真就像佛所說的「平常心」，其柔軟入口即化「無我」的個性是讓他老少咸宜的原因。另外，日本有一道家常湯品，即添加了豆腐、豬肉及根菜類的味噌湯，名叫「建長汁」。這個建長汁原本是建長寺僧人利用破碎豆腐，加上碎肉片及味噌調味煮成的味噌湯，碎豆腐做成的建長汁，現在依然是日本家庭中經典的媽媽味。建長汁充分利用破碎豆腐，表現融通無礙、碎了依然不失顏面的豆腐哲學。

味噌的起源，有人說它是醬油的同胞兄弟，也有人說它的起源來自中國人的「醬」。無論是醬、還是醬油，包活味噌，都來自中國，這三種東西都是用米麴、大豆混合發酵的調味品，也算是漢人從生活發展出來的另一種「乳汁」。米食文化是農耕社會的基礎，老一輩日本人跟台灣人、中國人一樣，他們呱呱落地時吸入鼻腔的第一口空氣，多半帶著燒產水燃燒稻草的香氣。離乳期喝的粥汁也用稻米熬汁成湯（日本稱為母湯）；長大後吃飯配味噌湯、睡在榻榻米上。其實，這些漢唐盛世傳入日本的米稻文化，現在既精緻又牢固地定著在日本人心裡。

文學作品深受白居易影響的紫式部，本身喜歡吃烤魚之外，作品也常寫魚。

據說紫式部愛吃庶民百姓吃的賤魚，所謂的賤魚就是小沙丁魚，是當時平民百姓最平常的下飯菜，將沙丁魚一尾一尾排在小碳爐上，慢慢烤到酥黃即可。這種在自己的書房用碳火烤魚的工夫，無論心情及氣氛都極適合文學創作，據說紫式部熱愛烤得恰到好處的小沙丁魚。也許多數的人會以為，吃烤魚應該是日本人拿手的飲食文化。其實不然，中國在一千五百年前，就有文人介紹過烤魚這門學問。

炙物即燒烤

北魏賈思勰著《齊民要術》，詳述了「炙物法」的料理法，炙物就是我們現在說的「燒烤」，書中除詳載令人滴涎的胡炮肉做法，還教人如何把一整條魚拿來烤，詳解如何庖剖去除魚的內臟，填入切細鴨肉後，做成魚填鴨肉的燒烤法。事實上中國的烤肉文化歷久不衰，何以單單將烤魚文化給弄丟了？筆者認為，這可能與黃淮流域只產淡水魚有關，烤淡水魚不夠衛生，其實也不美味；所以烤魚這個吃法，就這樣在內陸的中原文化中消失了。

或許有讀者要問，那生魚片應該是日本人的獨門了吧？其實也不然，《論語》

孔子曾說「食不厭精，膾不厭細」，膾是指切細後易於入口的生魚或生肉，據說當時的庶民百姓喜歡沾醋食用。換句話說，孔子的時代已經有生魚片了。中國古典文學散見「生魚膾」，生魚膾即是生魚片的意思。根據《禮記》的說法，吃膾時無論魚肉，以「春用蔥、秋用芥」做為配料，這種吃法顯然是日本人吃生魚片配山葵的雛形，由此可見當時的中國很重視四季入菜的時鮮調理。

幾乎所有的人，一談到中華料理就聯想到油膩，因為中國菜的煎、炸、炒、爆等等，樣樣是用到大量的油脂。但其實這些以熱鍋快油做的中華料理，都是隨著近代化西洋文明輸入中國的新變化。兩百年前的中華料理，其實跟現在的日本料理很像；除了維持著傳統基礎調理法的燒烤，當時的中國料理最常見的就是用大鍋湯滷。這種以鍋子慢火燉煮，從前中國叫做煲，而煮好端上來的叫羹。所謂的羹一定是熱騰騰上菜。

因為屈原的楚辭說「懲於羹而吹韲兮，何不變此志也」意思是說，喝熱羹湯被燙著得了教懲後，如今連吃冷沙拉都在呼呼吹，何不變通改其志？日本人的熱羹湯叫做「吸い物」，有放雞肉也有放魚肉的，但一定有根菜或蔬菜合煮，基本上一定是熱呼呼地上菜。禮記內則篇說：「羹食，自諸侯以下至於庶人無等」，

這顯示，煲煮羹湯很早就盛行於中原各地，這種用魚肉蛋白質與根蔬菜混合成湯料的羹，從平民百姓到王公貴族都普遍愛食。

講到羹，日本人還有一種叫做羊羹的甜點，羊羹原本是魏晉南北朝由胡人引進的羊肉湯，但羊肉羹久經熬煮放涼後即成了羊肉凍，這種凝凍後來傳到日本，竟成了混合海草煮成的羊羹。患有神經性腸胃炎的芥川龍之介，某日接到朋友寄來老舖羊羹並付信攞稿，結果芥川老實不客氣地回信答說：「寫著羊羹兩個字，就想到它們長著毛，極其難受。」後來，芥川大約把友人送的羊羹給丟了，日本羊羹的字詞用法至今跟著胡人的羊肉湯帶著「毛」。也許這樣，日本人有一個形容詞「毛嫌い」，意思是說雞蛋裡挑骨頭，沒緣由地就是不喜歡。「毛嫌」跟台語的「龜毛」近意，都是過度神經質的意思。

日本人飯前飯後的規矩不少，端出來餐盤杯碗筷花樣美觀，但真可食用的飯菜其實不多。台灣人來日本玩時，發現飯店旅館的料理好吃，但分量都太少。還有人因此故意把生魚片的「さしみ」（沙西米），翻成「三四咪」戲諷日本料理的分量少。曾有一位老前輩透露，七十年前他剛來日本留學時，感覺宿舍裡的飯菜永遠讓他吃不飽，但如今舊地重遊，到日本旅行下塌民宿時，覺得日本料理對中高年人而言，既健康又剛剛好。用刀切得美又細，就是孔子說的「食不厭精，膾不厭細」。

這位前輩曾說：「現在台灣人吃生魚片，有時大塊到像小牛排。反而懷念日本料理的『三四咪』，少得讓人吃得巧不是吃得飽。」在日本廚師當中，以在壽司店掌廚切生魚片的師傅地位最高，他們通常花了很長時間才習得剖魚及切生魚片的技法，而且像中國人的宰相以帶刀晉朝為榮。日本的料理人沒有自己的配刀不叫料理人，而且料理人跟中國的太宰、宰相一樣，多半為男性。至於壽司店的女職人或媽媽桑只管爐灶燒烤，不管俎前的割宰分配。這種男主宰，女端送的分工法，顯然

也是傳自中國。

無禮雖美不食

相對於注重「下飯菜」的華人而言，日本人的主菜其實是用來下酒而不是用來配飯的。客人把主菜吃完，也喝到茫茫然，這時白飯及味噌湯才會送上來，然後在味噌湯的前方會有一碟的「お新香」（醬菜）。也許台灣客不能明白，日本人為什麼用醬菜味噌湯請客，但其實在江戶時代即使連幕府皇家軍，吃飯時也只是一湯一菜的定食，有時連味噌湯都省了，只吃用熱茶泡冷飯的「お茶漬け」（茶泡飯）。這道茶泡飯不是日本人發明的，從《西遊記》的多場唐僧吃飯的場景，可以證明茶泡飯是當時僧人的飲食方式。

即使這麼簡單的熱茶泡飯，從上飯到品嘗，如何倒茶入飯？端起碗來，是先喝熱茶湯還是先吃飯上的烤魚片？也有一番不能違背的規矩。注重形式的日本料理，從主菜副菜最少二菜一湯的配套，一直到餐盤湯碗固定的排放位置，甚至連上菜後品嘗的先後都有固定的順序。日本人有關吃的「型」，跟我們說的「吃相」

相近。譬如開動前雙手捧筷子說：「いただきます」（用敬語稱「頂戴」）吃完時要離開餐桌前要說：「ご馳走さま」（「馳走」）。上述的頂戴及馳走都來自中國古典經書，佛教說的頂戴代表真心；馳走是感謝料理人搜羅食材的奔波。飯前飯後的敬意，除了對料理人的感謝外，也是對造物者表示感恩。

最近台灣有人用「型男」形容美男子，而型男就是由日本流行語「びけい」（美形）而來；美形不僅可以形容男子也可以形容美女，但前提必須擁有細膩妝點過的「美貌」。有些寵物店甚至以「美形」形容他們的幼犬、稚貓，還有服裝店號稱他們服裝屬於「美形」系列。剛才談到的日本飲食文化的「型」（或「形」），主要是指飲食過程中不可或缺的美感，還帶有許多日本人不成文的龜毛禮數。

也許台灣或其他華人圈會說，日本人的飲食太神經質了，中國菜不是這樣。但其實這就錯了。因為，日本人對吃神經質，是源自孔子的「割不正不食」的講究。孔子在《禮記》裡宣稱，不食拒食的東西可真多，什麼「君子喪三日不食」，「君子苟無禮，雖美不食焉」，另有「不食嗟來之食」等等。孔子的不食還有兩個逸事，一個是他把死後的家犬安葬入土，孔子教世人不食狗肉，這對當時盛行吃狗肉的中國人而言，相當不容易；第二，孔子愛徒子路死後被處以「醢刑」（醃人肉），悲憫弟子的孔丘從此不食醃肉。此外，根據論語的記載，孔子凡沒加調味的食物一概不吃。

尚禮講究美型

日本料理注重碗筷的擺置，一般的家庭依然保持湯右飯左的形式，您以為這是日本人特有的文化嗎？如果您這麼想，那也就完全誤會了。因為，孔子在《禮記》也是強調湯右飯左的禮儀。《禮記》說家有來客，飯置於客人的左側，羹置於客人的右側，其前方擺上魚膾、燒肉及蔥做調味，醋及鹽辛醬肉放內側。若連著骨的肉品則要放在客人的左邊，無骨切好的肉要放右邊。由此可見，其實孔子的「禮」即日本人飲食的「型」，也就是台語說的龜毛。

餐桌上筷子的擺設，華人圈家庭多用圓桌聚餐，以放置於右側直擺為主。但現行日本各大餐廳包括家庭在內，凡筷子都固定橫擺在食者的眼下方。同樣是筷子文化，如此這樣的不同。也許有人又要說這是日本人獨有的筷箸文化。令人遺憾的是，眼下方橫擺的筷子文化，依然源自中國的盛唐。唐代壁畫、墓室壁畫、

敦煌莫高窟壁畫，畫上所有的大小宴席的筷子，都放在食者眼下方橫擺。那麼，中國又是什麼時候變成筷子直擺了呢？據說是在宋代以後中國人愛用圓桌餐會，因為食者的桌面積變小，因而把筷子做為直擺。

其實，日本家庭的媽媽味，內容及口味南轅北轍，所謂的正統日本味是什麼呢？根據飲食習慣調察，日本人最想吃的家庭料理中，包括拉麵、青椒肉絲都排在前十名之內。這個還不稀奇，源自印度的咖哩飯也在日本人最想吃的家庭料理中奪冠！現在連家常口味都變了味的日本人，連他們自己也很難釐清什麼是日本味。其實說穿了，正港的日本味關鍵當然是調味法，對於一般日本人而言，凡是調味方法屬於他們特有的，那麼不管是法國料理還是義大利菜，在他們看來都可以順理成章歸類為日本料理。

大家都知道，無論日本的味噌、米麴、醬油等這類基本調味品，幾乎都是隨著唐僧由中國傳進日本的。甚至連梅干及醋的釀製法也來自中國。不過，經過幾百年的傳承演變，日本人加入了自己本地的釀製技術，調配出屬於自己獨一無二的日本味。譬如像味噌，點子來自中國的「醬」，日本人取得醬的釀製配方後，首先捨棄小麥的醬釀製法，改採米麴與大豆結合的獨特風味。如今，味噌已是舉

世公認日本人最普遍的調味料。

甜酒小喝兩杯

日本還有一種調味料叫「味醂」，這種含酒精用糯米釀製的調味料，是做為滷煮魚鮮肉類的萬能調味料，它可以去除魚肉的腥臭味，也可以增加料理的光鮮度。所謂的「照燒」即是用味醂燒煮而成的，凡加入味醂燒煮的豬雞魚肉，其肉質因為味醂的發酵甘味而變得鮮美多汁，煮出來的肉色還因此變得油亮照人，「照燒」這道料理因此得名。味醂不僅可以煮魚肉，與葉菜、根菜也都速配。這麼一說，味醂應該是日本人自己發明的調味料，錯不了吧？

事實上，這個問題也有爭議，因為味醂最初是用清酒與屠蘇酒混合，是一種過年、納采定婚及結婚儀式上用的吉祥酒。屠蘇當然是傳自中國。像《太平御覽》、《紅樓夢》都出現過屠蘇酒。味醂原為江戶時代的一種甜酒，而後變成一般家庭的調味品，這其實是到了戰後才有的事。味醂的釀製過程，是在米麴中調入糯米使之發酵，糖分轉成酒精，然後從中榨出酒糟留下酒汁，即成為濃稠甘甜含酒精的味醂。不過，現在市售的味醂多半是添加酒精調製而成的快速合成品。若要品嘗傳統的日本味醂風味，要注意選購以糯米釀造的「本味醂」。

中國的小說戲曲，對釀製甜酒的描述數之不盡，像《金樓子》、《金瓶梅》都出現過喫酒擺酒的場面，其中若沒有指名銘酒之名，多半是家庭中自己私釀的甜酒或濁酒，酒精濃度通常不高，算是家庭小聚的必備。自從酒變成公賣後，歷史上國家政府對酒精抽取重稅的制度，讓甜酒及私釀酒在一般家庭中絕跡。但台灣原住民部落，依然留傳著阿嬤自釀的小米酒，小米酒與日本鄉村旅店的濁酒很像，他們的前身都是來自中國的甜酒釀。

喜歡日劇的年輕朋友，也許曾在日劇餐飲場面中聽到看到，男客人邊吃邊對著媽媽桑討好似地說：「出汁がきいているね！」（湯頭下得真好）在日本，這句話是對料理人最高的讚美。日本人料理說的「出汁」，即是中國菜的高湯，一個料理藝術到家的廚子，能用出汁把全世界的料理都融合為日本料理。這下沒錯了吧？用柴魚做湯底的出汁，應該是日本人發明的吧？

出汁有各式各樣的獨門調製法，其中最基本的是以昆布、小魚干及鰹節（俗稱柴魚片）混合調味。日本人拿鰯魚干、鰹節、昆布加上香菇干熬湯綜合調味做成「出汁」，然後用出汁取代中華高湯做成和式的拉麵，在西洋料理剛傳進日本時，日本人還發明一種用出汁調製成「ハヤシライス」（林子平咖哩飯），把魚醬及燻魚海鮮調入咖哩飯。又如江戶時代日本人破戒開始大啖牛肉，也不忘把他們的出汁調入「すきゃき」（鋤燒）當湯底，這讓以昆布、鰹節做為湯底的牛肉鍋從此定位為「日本料理」。

香聞十里燻柴魚

言歸正傳，那出汁是日本人的發明吧？出汁也許是日本人發明的，但柴魚的燻製過程應該起源於中國北方，其原型就是燒烤入味後吊掛在爐灶前歷經一個年冬即成。北方的燻魚泡酒蒸煮，即成美味的下酒菜。中國的燻魚製法傳到了日本後，成為江戶時代保存魚獲的技術，後來又發展成發酵後產生特殊香氣，隨後即以肉堅水分少的鰹魚為主要的燻製材料。《墨子閒詁》曾有一句說「以為美食芻豢，蒸炙魚鱉」；《金樓子》裡也說「專諸學炙魚，香聞數里」，顯示中國很早就知道燻魚足以香聞數里，只是自己人沒把技術傳下來，反倒日本人把燻魚技術

發展得更精緻。

到過日本朋友家做客的人，多少會發現日本人家中的餐碗特別多，連端茶遞飯的托盤也是各色各樣。日本人吃蕎麥時有蕎麥湯碗，吃紅豆湯時有朱色木質漆碗，至於吃壽司用的盤子那可就更講究了。如果家裡有客時，使用的盤碗還要比平常家用的要豪華些，好讓接受饗宴的親友享受料理以外的秀色可餐。日本人請朋友在家吃飯，最少要準備三菜一湯，為客人送出來的餐盤裡，包括主菜及兩個副菜，外加一碗味噌湯。不過，第一次為客人端上來的餐盤，通常沒有飯也沒有湯，有時甚至只端送了一個大盆，上面放著啤酒數瓶及幾盞玻璃杯。

特別是晚飯這一餐，日本人做為開胃用的副菜，有時是用糖醋涼拌做成的和式沙拉，有時是配飯下酒兩相宜的「鹽辛」（醃漬魷魚）。當啤酒喝完後，主人通常沒等客人開口，就請太太送上溫熱的日本清酒或燒酒，接著就遞上來今晚的主菜生魚片或烤魚。不習慣空腹喝酒的台灣朋友，也許以為日本的待客之道是把客人先灌醉，難不成「先喝酒再吃飯」是日本人自己發明的？其實，酒為主、飯為輔的宴客之道，中國的孔孟經典早有明訓。

孔子曾說：「有酒食先生饌。」這句話顯示，正式的家族、師徒間的飲食，酒在前食在後，酒是宴席的精神，待客重酒不重飯。先有酒才稱為宴。從前騷人墨客以酒自比清流，一般人家貴客好友上門時，多是先上清酒後上菜，並沒有為客人上飯這件事。因為，當時中國及日本的清酒是用米麴所釀，客人喝了上等白米釀成的清酒，即算是為客上了飯了。事實上，在明朝以前的中國人，在家招待親友叫擺酒不叫吃飯；吃飯是像《金瓶梅》裡說的，「下邊吃飯去」，是喚下人用的，「吃飯」這個用法基本上不是待客之語。

從很多出土的古墓壁畫看來，當時漢唐盛世高官貴族的酒宴，跟現在的日本菜一樣，杯碗極繁，受邀賓客手中持酒扶帽做醉狀，也有人以箸夾菜送入口，根本看不到類似吃飯之類的場景。換句話說，當時在家中請客擺宴時，就只是講究酒菜罷了，基本上是不吃飯的。現在，日本在家宴客時基本上也只進酒上菜，若看客人酒量不佳又沒吃多少菜，他們才會詢問是否吃飯。所以，先吃飽飯再進酒的方式，並不是正統的待客之道，因為古中國人請客就是只有進酒不吃飯。

已逝的國際巨星李香蘭，下嫁熱愛日本文化的美籍藝術家野口勇時，曾為了出浴後想要暢飲的啤酒不夠冰，與夫婿為此發生大爭吵後決定離婚。根據李香蘭的描述，野口當時為了追求「純和式」生活，結婚後搬到美食家北大路魯山人位於鎌倉的大宅院居住，同時要求在滿洲瀋陽出生長大的李香蘭，平日要穿和服著和鞋，飲食料理當然也全面要求以和食為主。

在中國長大的李香蘭很為此不平，生前接受訪問時依然堅稱，當年的美籍老公為什麼堅持比她還懂日本文化，還說日本人吃晚飯前喝的啤酒，即使酷寒如冬日也要放入冰箱冰，還教訓她說日本人清酒要燙熱才能入口。身後留下不少美術作品的野口，當年卻留不住美人心，只能說他或許追求和式的生活美學，對猶如外國人一般的妻子過度吹毛求疵吧。有關這點，外子無蝶對於他的台灣妻子就顯得寬容得多了，我們的餐桌融通無礙，但不能壞了固有的「型」。譬如，日本人吃飯時味噌湯放右邊，飯要放在左邊，是顛撲不破的「型」。但有關飯左湯右這個規矩，我可是適應了好多年才習慣，期間還曾發生連續的倒置錯誤，當然也有過類似李香蘭的情緒及不平。

例如，日本人吃飯糰、和菓子時，他們都能自然地伸手直接用手取食，然後技巧性地放入口裡不掉地。凡是用手吃時，我總忘了用另一隻手端捧，要不就是學不會用左手護攬而掉了飯粒。這麼說，用手直接拿飯吃，是日本人的專利囉？本人心裡想這麼說，但其實並不是。中國人在殷商夏周的前後，多數都用手擰飯

糰送入口而食，當時中國人吃飯與當今的印度人沒兩樣。直到春秋時代筷子才逐漸流行起來，但還不普遍。而且，當時的筷子只在喝羹時使用。據說，孔子也曾用手吃飯。管子也曾規定弟子：「飯必奉攬，羹不以手。」顯示當時在老師家並不一定有筷子可用，吃飯時還要手「奉攬」，這個「奉攬」應該是指吃飯糰時，要記得用另一手護攬不讓飯粒掉落的意思。

日本傳延了中國文化

飯糰在關東稱為「御握り」，在關西一帶則稱為「お結び」，兩者都是指以白米飯捏握出來的飯糰。但無論是「御握」還是「御結」，最常見的是有助保存的梅干飯糰。還有自古以來農家最常見的「鹽御握」，那是在手心輕輕塗上一點鹽水再把白米捏握成型，即成攜帶方便的御飯糰，算是當時旅行者必備的小便當。所謂的「御結」及「御握」，其實都含有人在死之際，想與親友結下來世情緣的意思。因為出門在外，除了可能發生意外及不測，飯糰的結或握都含有與人結緣的意思。日本人的喪禮跟中原文化一樣，也是用為親人供飯糰或拜飯之類當做千古信物。

台灣、香港及上海的早餐攤子，常見有婦人賣蒸糯米包成的飯糰，用沾濕的紗布放點糯米，裡面包上油條、菜脯及榨菜，然後再加適量糯米以雙手用紗布捏包成飯糰。這種糯米飯糰從前在中國江南一帶流行，這種攤售的早餐稱為粢飯，在孔孟時代就有了。孟子說「諸侯耕助，以供粢盛」又說「犧牲既成，粢盛既潔」有此可見，粢是拜祭用的手捏飯糰，中國人早在二千年前就有了。

如果說，日本的飲食生活

文化幾乎都緣自中國，也許很多日本人都要跳腳大罵，相反的大談這些歷史事實，也可能大快中國人耳目。其實，從健康及承傳來看，日本料理做得比漢民族好，筆者大費周章地考究日本料理的起源，其實只是為了健康飲食文化做承傳，並不是為了奉承當今任何哪一國文化。如此大篇幅地舉證論述，想要提出的一個論點就是：從調味到端上餐桌飲食的各種儀式，味覺與吃這件事本身就代表一個民族最潛意識的部分。

法國社會人類學家克勞德．李維史陀，曾說：「某個社會的料理，即是該社會從潛意識裡翻譯出來的語言。」味覺是文化最深層的潛意識，所以漢文化裡的聖賢及作家，用各種故事及比喻為我們傳承那些味覺，因為食物可以直接通達我們腸胃，食物為我們造就了集體的潛意識，成就了漢文化共同的人心，相通而又能互見有無虛實的人心，即是整個文化發展承傳的一個夢。那個夢，不只是你我父母未生時的夢。應該還包含了尼采所說的：人永恆回歸的夢。

第一章

朝暮日課

I 有柴樂

睽違九年，我們再度搬回東京，重新潛居在都市的水泥森林，正苦於環境過於狹小的都市生活，讓我們頓失每天必要的身體勞動。巧合的是，那年四月，關東飄下罕見的大雪。包括附近的森林公園在內，以及不少附近農宅的古樹，都因此被積雪給壓倒了。從大雪過後，一直到七月的盛暑，整整四個月，我們夫婦幾乎天天都像森林的清道夫般，默默地搬運清理那些七、八十年，甚至已有上百年的原木。

無蝶用鋸子切短那些原木，然後把那些原木裝入大背包，咬著牙奮力袱上肩後往前走。我則跟在無蝶的背後，像是從深山裡走出來的一對樵夫村婦般，各背著四、五十公斤重的柴木，一步一腳印地走了三公里搬回家。回想起來，這四個月的樵夫傳奇，讓我充分使用身體，並從勞動中看見自己。當時，我們夫婦一前一後，猶如豔陽下巡禮的苦僧步履，最後竟然成了鄰居們爭睹的都市奇景。

從南面森木搬進來的大小原柴

從巒亭、櫻亭，到無蝶庵，包括只住了五個月的那須山莊，一直到現在我們落腳定居的那須櫻森林山莊。我們結縭十二年，連同地震後整理老家，共計搬了十次家。特別的是，從無蝶庵搬回東京德丸亭暫住的那年，無蝶毅然把所有前半輩子收藏的古董、紀念品甚至藏書都丟了。連那艘象徵我們夫婦感情的獨木小舟，都二話不說地送給了朋友了。小舟雖送了人，但無蝶卻堅持留著那些平日累積聚得的「柴」，而且即令再度回到東京還不忘趁機搬柴、運柴的日課。

原本我很憤怒，因為我空為小舟，說來不過只是個柴。然而，實際上經過年復一年的樵婦苦修，我終於明白這些柴是多麼寶貝，是老祖宗告訴我們生活七件事當中，柴屬首位最重要的元素！深作欣二導演有一部我愛的電影《華之亂》，描寫女歌人与謝野晶子在大正民主化運動當中，身為人母，不忘持家及照看孩子的未來；身為詩人，不忘追求真愛與生活的掙扎。電影的中段，晶子為了配合丈夫与謝野鐵幹到京都參選眾議員，坐著人力車走過紅橋柳蔭之際，迎面而來兩位頭頂著柴枝叫賣的「柴女」。

起源於京都大原的柴漬，因為當年賣醬菜的大原女子，除了手提醬菜沿街叫賣，同時頭上也頂著柴枝大聲哼唱似地叫賣：「柴呀～賣柴呀～」當年被軟禁在寂光院的平家物語悲劇人物平德子（高倉天皇的中宮，安德天皇的母后）喜歡吃醬菜，聽到大原女叫賣就喚院女去買「紫葉」（紅紫蘇的意思，其發音與「柴」相同），此時院女一望見大原女頭頂柴枝就回滿德子說：「原來您想吃柴漬啊？」從此，那個紅通通的醬菜就叫做「柴漬」。電影的鏡頭中，當時的京都已是進步的都市，但顯然一般的京都人三餐仍以「七輪」土爐燒飯，因此一般家庭都需要用柴枝生火煮飯、烤魚。

即令一百年前，當時多數的日本及台灣家庭都還需要樵夫柴女，但如今，在這樣的大城市裡，除了無蝶夫婦我們倆，又有誰敢公然地聚柴、拾柴？沒多久，無蝶還真認真地思索，在東京的小院子裡真的開個外灶，或在狹小的起居室做個燒柴的暖爐。無蝶常說：「人類因為懂得用火，才開始有了薪傳累積文化，但現代人不懂用火甚至把火逐出生活圈，從此也失去了想像力，開始退化。」隱於東京的日子，真切想念我的外灶火，我深深體認到我正是無蝶不忍丟棄的柴。

後來，我們從東京二度搬到那須，無蝶把那些費時四個月在東京森林公園搜得的柴薪，一根不剩地請搬家公司運到了新居。從早搬到天黑才搬完的大柴小柴，讓最後搬家公司的搬運工都嘆口氣說：「吃這一行飯快三十年，第一次替人搬柴。」其實，當天所有的搬運工人，每個人都搬得汗流浹背但神采飛揚。也許，從來就不知道如何燒柴的年輕搬家公司朋友們，當他們摸到了那些寶貝柴時，老祖宗刻印在他們記憶裡的埋火已再度燃起。

費盡了一年的時間，我們一面在城市水泥森林裡樵木斂柴，一面又四處尋找物色理想的家園。幾經波折，無蝶理想中的「有火的生活」，現在終於實現了。如今我們住的那須原森林裡，特別是寒風狂吹的冬季，因為柴火的想像力我們得

以從昭和時期更進一步回到大正、明治的年代。在那須落山風狂吹的夜裡，隔窗抬頭望見滿月與暖爐漂升夜空的柴煙，無蝶感嘆地對我說：「我們的宇宙星雲，不過是神的一陣炊煙，虛無短暫無比。但人不能忘了夢，更要相信愛。」

連日狂風暴雪，連續日夜燃燒的爐火，由粉紅色慢慢轉為赤燄，火舌安靜地擁吻柴的全身，用顏色讓柴開始昇華。柴與火的結合，直到四百度高溫時，會幻化成北極光似的「發酵」。當火在爐子裡開始發酵時，那幾近無聲的嗚咽，像是柴與火同時看到天堂的夢囈，聞到的柴香令人憶起失落多時的初心。現在聚柴搬運工課，依然是我們夫婦及愛犬Sakura的日課。因為，無蝶說：「所謂的夫婦，一生能共有的絕不僅是財產，而是因為受苦共有一個身體。」最近又說：「唯有在勞動中，人與人才能共有，並因此培養出真愛。」而這些寶貝柴，就是我們夫婦共有的財，也是筆者費盡辛勞薪傳自無蝶的愛。

柴漬

平家物語時代流傳至今的京都大原醬菜

材料

茄子三條小黃／小黃瓜二條／茗荷三個／薑一大塊／紅紫蘇三十片／鹽二十公克

作法

- 把紅紫蘇用鹽揉搓一次，擰出了黑色湯汁後備用。也可以利用做梅干後的紫蘇，效果更佳。
- 所有的材料切細並以鹽加以揉擦後，用重石加以強壓一夜後，倒掉鹽水備用。
- 翌日，把事先揉過鹽的紅紫蘇，加入混合並放入冰箱中冷藏發酵。大約三天即可以食用。

♥ 柴漬的發酵過程，除了所有的蔬菜會變成紅色外，最重要的是會產生大量的乳酸菌及水分，食用時記得去掉多餘的酸汁。

用釀脆梅剩下的紫蘇所釀的柴漬

II 無炊米

經歷無數次的搬遷，為了保存已經釀成而尚未與大豆結合的米麴，於是我靈機一動在麴中調入適量的鹽，讓米麴保存在乾燥的保鮮袋內。搬家後一年餘，我竟然忘了有一大袋米麴放在儲藏室一角，而它早已是熟成近兩年的老米麴。要不是剛好在找材料準備釀味噌，才讓我想起那一袋混合過鹽的米麴。有點擔心又不捨地打開一看，發現米麴的顏色變得有點黃，但既沒有長霉也沒一點濕氣，打開時還泛著麴米特有的香氣。常溫放置兩年的米麴，就這樣成了我救急用的無炊米。

戰亂頻頻的古社會，當時大家為了逃難、飢荒、長征等等，普通人家裡應該隨時保有這種煮過、混了鹽隨時可以食用及保存的無炊米吧。把蒸煮後的米飯發酵、曬乾後保存。若沒時間乾燥，就跟我一樣臨時用鹽混入米飯後裝袋，就這樣跟著行李馬匹開始旅行。結果，這些曾經煮熟的米，在過冬之後變成了米麴，於是就有了醬及醬油，並因此發明了米酒。

古人幾乎在發現火的同時，就發現了製酒必須用的麴，至今留存的原住民古酒釀造，是以女祭司口嚼而成的五穀做引子，混入煮熟的米飯、小米、高粱內，調入適當溫水，經過一定時日即成酒。沒錯，最原初的麴是經過口腔唾液混合、嚼細而成。也許因為這樣，人的唾液一直是被認為含有神力，特別是唾液與米飯混合的經過，細嚼慢嚥吃米飯的過程，至今被日本認為是長壽的祕訣，也是保持腦細胞活化的方法。

過去，日本的母親與跟台灣及中國的母親一樣，孩子斷奶後給他們的食物，通常是熬煮的白米粥。放涼的白米粥，通常經過母親再一次咀嚼後，與母親的唾液混合釀造後，才用湯匙送入嬰兒口中。用口細嚼的白米飯，

自古以來含有「不純的可能性」，因為它含有不純的各種有機的細菌，母親的唾液一代傳過一代，它的自然發酵變成了我們的血肉、記憶。

其實，人類最原初的嬰兒餵食法——嚼細混合唾液再吐回哺育幼兒，這個過程即是米麴釀製的原型；換句話說，米麴的這個無炊火，是亞洲米食圈母親們的生活智慧。東漢劉熙的《釋飲食》說：「麴，朽也，鬱之使生衣朽敗也。」意思說，麴就是經過腐朽，披上鬱菌如衣使之敗。也許劉熙從來沒自己釀過麴，他只是聽說如何保存米飯而記載麴的發生原理罷了。但「使之敗」，到底還不至於壞，敗得只是米飯，卻成就了可能性極高的麴。

在三、四千年前，中國已進入農耕文化，稻米成了多數人的主食。只要有米，在路上拾些柴，其實到哪都能存命。但如果旅途中沒有乾柴可燒，又不方便生火時怎麼辦呢？帶在路上跟著旅行已久，已「朽敗」多時的米飯，就成了唯一救急的功臣了。殘兵破將當吃了幾口朽飯，覺得路途尚遙應該不能貪吃，不覺把口中剩物再吐出來放入朽飯中，再度登馬奔向前途；如此來回幾次，那朽飯就變成了披上白色或青鬱，成了可釀酒、製醬的米麴。

經過幾千年的承傳，中國、韓國及日本等地的米麴釀造，主要是靠祖傳的職人技藝，現在則為工業精製的生產方式。但其實，很多農家有他們獨特米麴製作法，他們一代一代傳延著老祖宗傳下來的老麴，釀造出獨特的家傳口味。真的好口味的麴，經過了幾千幾萬人之口，經過歷史風土及時間混合，真的變成了絕無僅有的好口味。這種家傳的麴菌，其實含有所謂的霉毒素，也就是劉熙所說的近乎腐的「朽」，但因為各種雜菌共存共生的結果，卻產生了難能可貴的獨門手藝。

由老麴釀成的天然米麴，長期與其他雜菌共處，產生了類似有機土壤般的生長環境，它既營養又含有再度發酵的可能性。米麴的發明不是一次，也絕不是一個人，它是經過時間沉積而成，人類共同創造的一種生活智慧。而且，這種以稻米為主食的區域才有的生活文化，基本上是以家庭或氏族為傳播的原點；麴菌很容易散播，因此被古人視為門外不出的祕技。

我經驗了都市、鄉村甚至森林的多重生活，以自己的方式開發出極為簡單的釀麴方法，只要學會這種米麴釀法，即令天災人禍都能夠平安活下去。但米麴的釀製過程需要高溫潮濕、如熱帶雨林的生長環境，讓它不是朽敗而是發酵、發香成麴。這個過程，有點像孕育子女的母親那般，興奮、喜悅及期待，初學時最好買個溫度計，同時事先備好紗布。

米麴

門外不出的私房好口味

材料

白米一公斤／米麴種菌（可用酒婆或酒麴取代）〇・一公克

做法

・白米洗去白濁的湯汁，換上乾淨的水讓白米過一夜。翌日以蒸籠用強火蒸熟白米四十五分鐘至一個小時，讓白米出現「外硬內軟」的晶透狀才算成功。

・把蒸熟的白米飯連著蒸巾，快速由蒸籠取下披放在大木盤或大型圓桶，放涼到三十到四十度時，把種菌直接撒在熱白米上，接著用手快速地揉拌白米的表面。此時要注意不要把白米擠碎，揉擦的作用只是要讓菌種均匀散布。

・把播完種的米麴放回蒸籠，或找個通風又適合的竹製容器，以平約二到三公分的厚度為原則平鋪裝入，接著用大毛巾包裹保溫在三十到三十五度最佳。米麴的成長過程，需要保暖及保濕，若不是把它放在潮濕的浴室，則必須每三小時為它噴水一次。

・經過二十四小時後米麴開始長出菌絲，為了加速它的成長用手揉散有點發硬的米塊，讓菌絲均勻地與其他的米粒再結合。經過二十四小時候，不用再噴水，但要注意開始長菌絲的白米，其本身因此散發溫度，若不注意調整它的溫度，米麴因此會出現黃綠色的雜菌。

・米麴通常在四十五到四十八小時完成發酵，全部的白米結成一整塊酥餅狀，而且表面因為長滿了米麴菌，變成了比白米更白的顏色。

米麴的發酵前後長達三天，若不是在天涼的秋冬釀製，其實很容易發酵過度引來蚊蟲，最後會生蛆或壞了。

剛釀上來的米麴

Ⅲ 物心菜

為了騰出更充裕的時間、空間來從事寫作，我有大半時間在東京過著聖俗參半的都市生活，為了能在荒漠般的水泥叢林中保持一顆有機的心，我開始拿出這十幾年來無蝶教給我的勞動大本領，一個人獨力把十坪大的小後院，用圓鍬、小鋤等翻土鬆泥後種下攀爬植物蔬菜，從二樓陽台拉下棕櫚繩，再用杭釘把繩索固定在地面，完成了面積雖小但立體感十足的小菜園。

在瓜棚下種了西瓜、南瓜、茄子及番茄，甚至連那須移植來的松樹都種下了。這些栽植其實比我想像得容易，他們的成長帶給寫作期間的我極大鼓勵，這些菜有時就像我的身體，多半的時候是我的一顆心。其實，我不僅在東京種菜，每當我回到那須時，最大的樂趣也是觀察那些無蝶為一家準備、令人安心的菜園。在那須種的菜色更多，蘿蔔、小松菜、白菜及荏胡麻。除了檢柴、整理柴的日課，我們倆即令分居也不忘種菜。

同時栽種了很多種爬藤植物，但最後依然是菜瓜最擅長攀升，它們像競賽般爭先恐後地從一樓底爬到二樓欄杆上。整個暑假幾乎每天都有小黃瓜可吃，番茄更是美不勝收，茄子因天熱收成不佳，西瓜有兩大顆的小成就，至於青色小辣椒，則收成了近兩公斤，冷凍後切細與米麴混合，做成了獨門的辣椒醬。只要有一小方可自耕的地，又肯花一點心思及勞力，既能有機又能有心，這讓我一個人獨居的東京生活樂此不疲。

想辦法讓植物立體爬升、善用空間，即有新鮮蔬菜可以食用。耐暑又善爬的苦瓜、菜瓜，還有西瓜、南瓜等瓜類，在我還正揮汗植種之際，即迫不急待地開始期待它的成長，想像著阿花狗跟她老爹回東京時，我們一家三口也許可以在瓜棚下午睡或玩耍。然後，我們可以打苦瓜汁，加點蜂密及牛乳當下午茶。也可以做番茄炒蛋，送給大和屋豆腐店的阿嬤吃，也想用絲瓜與鄰居小朋友博感情。

台灣最近食安問題頻傳，有孩子的母親開始研究如何看「菜色」，也有退休的朋友跟我說他們夫婦在實踐陽台種菜，也有人做起較有規模的頂樓自耕農。如果有心人不惜時間、成本及收成，經營家庭有機菜園，今後或許能像從前老一代般，派個小孩或親自走「老人工」把自家種的有心菜「行」（台語）出去，大家

都樂意將自家的私房美味「行」遍天下的話，今後不要說台灣人的健康就連社會都會因此變得健康呢。說實在的，只要會種菜，其實就算是在耕心了。

茹素的晉代人庾紹之在《冥祥記》中提及「勿啗物心」。物心指的是牛豬肉的內臟，物心傳到日本後變成了食物的精神，「物心」在日文裡指的是人懂事後開始辨識味覺的瞬間。後來兩個字結合成一個字「惣」，指天人合一或身心合一之意。「惣」傳到後來，與「菜」連用，成為連用名詞「惣菜」，是指有媽媽口味的下飯菜或小菜。日文的惣菜，指的是家庭手作小菜。深受佛教影響而禁食牛肉的時代，一般日本家庭飲食，幾乎所有能治癒人心的物心都等於菜。

根據東洋醫學，心的健康原則就是保持心的柔軟，讓我們的心通風通氣，心才能健康，才能柔軟變通。健心其實很像土壤的有機過程，兩者都必須耕土鬆心，同時讓各種菌類在土壤裡共生發酵。可能因為來自古中國物心、養心、耕心的影響，很多日本人即令住在狹小的公寓大樓、小房厝，也能利用如貓額般的小方土，甚至採取盆栽方式栽種出美妙如心的菜。其實，不僅種菜，日本鄉間的老阿嬤們，也喜歡依四季變化走入山野摘採野菜、山菜。

總喜歡初春寒峭之際，走入森林摘採剛露芽的楤芽、蕗，散步時不忘物色野生的茗荷、金針菜，有時興緻一來，也會摘些山椒做成椒味牛皮糖。這種現摘山菜做出來的天婦羅、家庭小菜，現在已經成為京都知名民宿美山莊的招牌美味。村上春樹的讀者朋友也許知道，《挪威的森林》裡，精神狀況惡化而住進京都僻靜精神療養院的直子，她住的精神療養院必須坐巴士蜿蜒而上；經過村上迷的考證，據說直子所住的京都近郊醫心之所，即是以摘草、摘菜料理聞名的美山莊為藍本。

一月的盛冬，我要回東京前，無蝶一早到他的小菜圃拔了十數根他種的蘿蔔，用舊報紙包裹著露出了大把

青葉，像捧著捧花般正重地送給我：「真正的『勉強』不是念書而已，真正的『勉強』是朝暮的生活。」孔子言：「或安而行之，或利而行之，或勉強而行之，及其成功。」日本話現在依然用勉強這兩字來形容人為了成就自己包括念書及修行的手段，而這個下工夫其實是指生活的正常節律，是重視身體及心氣合一的身體訓練。

有人說，小腿肌是人的第二個心臟，多走路可以健旺人的心臟，但從東洋醫學心的位置來看，心不僅包括心臟還包括了腸胃消化器官，因此我認為要改變人心，應該要從人的味覺著手。而且，人的味覺訓練其實是一種身體的記憶。為了念書一人別居遠離，當我從無蝶手中接起那些蘿蔔，只有我知道那些菜多麼有心。因為，那是無蝶用半年時間勉強而來。即令一個人迷失在書堆時，我總是走到庭院小菜圃勉強自己種菜去。

澤庵漬

日本家庭手作風味小菜

材料

蘿蔔六根／粗鹽一一〇公克／米糠三五〇公克／赤砂糖五大匙／昆布二十公分／紅辣椒三、四顆／曬干的蘋果皮、橘子皮、柿子皮少許

做法

・把六根蘿蔔連葉子（約八公斤）洗淨，以兩根對稱方式連葉子綁住頸部，然後平均地掛在通風的曬衣架上曬個二至三天。

・把所有的調味品連著鹽及米糠一起拌混均勻，把二分之一拌過的鹽糠材料鋪在醬桶底層，然後把六根曬過的蘿蔔以頭接尾的方式排入，接著再撒上另一半的鹽糠。

・接著用約蘿蔔重量兩倍（約十二公斤重）的石頭或重物壓在上面，外面用舊報紙蓋住。

・約一週後即會因為重力，壓出了蘿蔔汁與鹽糠混成一體，這時可以把鹽糠及蘿蔔翻動一次，接著減少重石的壓力，讓蘿蔔慢慢發酵。

♥ 為了加速發酵，並讓澤庵漬變得更甜脆，有人會在壓入重石之前注入一罐一五〇CC的啤酒。不過，加了啤酒的澤庵漬，大約一個月就要吃完，否則會變酸。

日本寺院以蘿蔔干做為救濟人心的藥

Ⅳ 傷心花

流浪詩人兼小說家明川哲也，曾在他的〈大幸運食堂〉中描寫，一個乏人問津、食客少得可憐、面臨結業關門的食堂男主人，早晨在河堤邊想採些野花妝點食堂餐桌，不意發現失業欠債而跳河自殺的招牌職人，正在河裡載沉載浮。儘管自己都快繳不起店租，連今天要用的食材都沒錢買，但看見有人投河，仍奮力把陌生人從鬼門關搶回來，還慷慨地端出了獨門的「幸運花丼」。

熱騰騰的白飯撒上香氣撲鼻的食用菊、少許魩仔魚，再添一點香橘醋。這碗為尋短客暖身兼暖心的「幸福花丼」，撫慰了走投無路的大男人。客人吃得連淚水都吞進肚，店主人則躲在廚房裡泣不成聲。社會一角，兩個挫敗的中年男人，已分不清是誰救了誰，也很難說清楚是誰完成了這道傷心美味。

同樣的傷心花，在《末代皇帝》一片裡，也曾出現過。陳沖飾演的婉容皇后反對傅儀與日本軍閥合作，她於滿洲國成立的國宴上，一個人坐在大廳入口處垂淚傷心。孤獨難過的婉容把花瓶上的百合摘下，然後連著淚水塞進嘴裡。滿清皇室其實愛花、吃花者眾。譬如，慈禧最愛俗稱金針花的忘憂草，還有菊花。更年期症候嚴重的慈禧，據說特別喜歡吃「鯉魚菊花火鍋」。那是一種為慈禧特別調配的藥膳，更年期後注意養生的慈禧，據說一次可以吃掉一大鍋鯉魚菊花鍋。

一千年前的平安時代，日本人即受中國漢方影響，開始食用菊花。自古以來，被日本人稱為「延命之花」的菊花，與柚子皮拌甜醋後的香氣，是使用電腦過度的上班族，用來治療眼睛疲勞、肩膀痠痛的食方。菊花有安神鎮定效果，可以緩和因工作壓力而帶來的不安，讓競爭激烈的現代人放鬆快眠。日本人用乾燥的菊花，填裝成枕頭說是可以治頭痛，也有日本人在九月九日重陽節時，賞菊之外還用菊花瓣釀成菊花酒喝。喝菊花酒的習慣，後來成為皇室犒賞功臣名將的「賜酒」，菊花後來也就因襲傳承變成了皇室的家徽，現在菊花則是印在日本護照上的

國花。

談到更年期症候群，特別推薦含有天然女性荷爾蒙的紅花苜蓿，俗稱紅三葉。紅三葉是與牧草混生的一種，走在初夏那須草原上到處可見，還有另一種比較小型的白三葉品種。其實傳進日本的紅三葉接近紫色，顏色略有不同但其成分及藥效是一致的。它們對婦女更年期的功效已被臨床檢驗證實。除了在那須發現了紅花苜蓿，無蝶的森林山莊種滿了各式的西洋花，水仙、菖蒲、玫瑰、百合、菊花、櫻花等。第二次搬到那須，我們的森林山莊採取西洋花園的格局，整個埋在森林裡的院子鋪了韓國草，小草花取代了當年無蝶庵滿園的梅花。

談到無蝶庵的梅花，實在美到令人不勝唏噓，懷念不已。梅花盛開之際，其美勝過同時期任何品種的櫻花，傲枝頑固的花姿，真是英氣逼人。可惜，我們跟無蝶庵的緣分就只有八年。二〇一一年三月十一日，當無蝶庵的梅花盛開時分，我正在拍攝照片，也準備燒外灶煮蕎麥為出遠門歸來的無蝶洗塵，那時，發生了三一一東北大地震。我跟所有日本人一樣，經驗了一生從未有過的天搖地撼，那之後，我的時間好像就這樣停止了。

有人說，時間是最好的醫生，時間能治癒的不僅是人的病痛，就連生離死別

只要經過時間的沖洗，同樣是春夢了無痕。天災人禍對人心所造成的傷害，已超過傷心及不安的問題了，地震之後，曾有一個小學生問女尼作家瀨戶內寂聽：「因地震而死與因戰爭而死有什麼不同？」寂聽回答：「因地震而死是自然的死亡，但因戰爭而死，是人殺人的死亡。」我想，無論老小凡俗經驗那三一一大地震的人，都蒙上了「自然死」的陰影。

從那天以後，我多麼希望一直活在夢裡，甚至就跟那一年的梅花般，乾脆埋入土裡化作泥。東方的思想也許不會像尼采一樣，在經驗時代的困難時高喊「神已死」，或以神的滅亡宣稱人必需自救的超人思想，但東方人向內、向自己尋求再造重生的力量，向來比西方文明強韌有力。漢字裡我們形容「死心」的成語，包括「死心奉戒」、「死心塌地」還有「死心社稷、以忠忤旨」等，死本身都意味著再生及可能性的意思。

那一年，幾乎所有範圍的人心、草木、自然都受到可怕的輻射汙染，受傷的何止無蝶庵的梅花。持續擴大死亡的不安，讓我們決定搬離無蝶庵。現在回想起來，若沒有經驗三一一搖落的傷心梅花，想要再擁有乾淨可種的新庭園，也沒有一度二度來那須尋夢園的契機。現在二度落腳那須原始林，學起美國手繪本作家塔莎杜朵，以從心再生的心情打造另一個夢境般的園藝生活。

梅花令人傷心的經驗，讓我們學會了往地裡鑽的時間觀念，我與無蝶為了開闢花園，曾合力用大圓鍬挖掘庭院的每個角落，重新設計庭院，栽種球根花草。在庭院翻土時，我們發現許多火山岩埋藏在草坪底下，依序如獲至寶般發現了紅色櫻石、淺綠色無蝶石，還有淡黃色的夫人石等。這些重達七、八十公斤各色各年代的火山岩，從發現到移動，都是我們夫婦一起協力完成。

三、四顆重達六、七十公斤甚至超過百公斤的巨石，就這樣被我們從地層下約五、六公尺深處，讓無蝶與我合力以槓桿原理，呼哈合聲地抬出了地表。如此，親身體驗的耕心挖石，身體勞動觸動了深層心理，終於讓我找回了人心應該有的「神」。那是我們夫婦協力，靠著身體找回來的自然信仰。

我們的那須森林山莊，種的花草不少，但最令人嘆賞的是百合，因為百合實具安神之效。日本人不僅秋冬吃百合，初春因天氣變化引起的燥鬱、煩悶；五月梅雨及黃金週連休後，恢復上班後的無精打采等等，皆可食用百合以助安神。特別是「百合白木耳」，可以把莫名浮燥鎮壓下來。年節返鄉開車的旅途勞累，建議在新春上工的第一天，做一道「百合梅干粥」當做早餐。

百合雞肉湯

以「延命之花」入菜，安神鎮定、舒緩疲勞

材料

百合一顆（乾料約一〇〇公克）／甜醋菊花一大匙／三葉菜一小把（可用芫荽代替）／榎茸五十公克（可用香菇取代）／雞胸肉一〇〇公克／銀杏四顆／雞蛋一粒

做法

・把百合根一片片撥開洗淨、瀝乾備用。三葉菜及榎茸也泡水洗淨後備用。

・把兩杯水放入鍋裡，水滾後先將榎茸放入鍋內，以中火煮兩分鐘，接著放入事先燙好切細的雞胸肉。

・把冷凍的銀杏放入鍋內煮一分鐘，接著把百合、甜醋菊花放入一起煮一分鐘後，加入少許太白粉水勾芡。

♥ 等勾芡的湯頭滾開後，倒入打散的雞蛋蓋上鍋蓋。要吃之前，再開火燒沸，撒入切細的三葉盛起。

第二章

身體實踐

Ⅰ手釀醬

長期研究味噌的釀造法，我發現即使住在都市，也能利用現有狹小的生活空間，以電鍋或瓦斯爐釀製出一家人的健康。只要準備五百公克的大豆，即能釀得二公斤的味噌，而且時間不充裕的人可以選擇釀製純大豆味噌，這種味噌適合用來醬漬保存魚鮮、嫩薑及根菜類等。此外，利用純大豆味噌，調入一般市售調味味噌再度發酵，讓空間及時間都不足的都市人，同樣可以嘗到手釀味噌。

也許有人認為，味噌既然對健康這麼

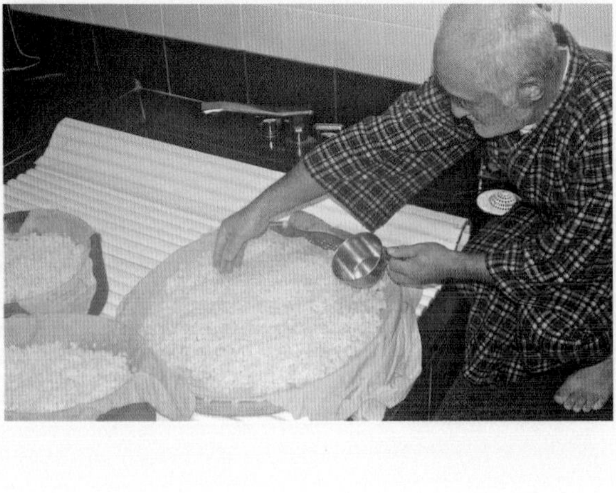

好，那麼忙於工作的都市人，就買日系超市進口貨就好了。可惜的是，大量工廠生產的日系味噌，不是採用已榨過油的大豆混合調味料製成，就是用做豆腐剩下的豆渣回收混拌調味而成。這樣還不打緊，市售的味噌都添加索魯賓酸（Sorbic Acid），這是為了防止細菌及微生物繁殖的添加物，可怕的是長期食用索魯賓酸可能引起肝癌。

為了長保味噌的發酵力，除了注意釀製過程的衛生，完成後必須每半年定期由底部翻新攪拌一次。每次的攪拌讓味噌獲得新鮮空氣，即是確保它能入夢熟成變香的「愛」。即使是初學者，也不容易失敗，通常會出現的問題，是釀製過程因疏於照顧導致發霉。當發現味噌發霉時不用太緊張，那些黑白色的霉其實對人體無害，只要用手輕輕除去或撈起，並把桶子及桶蓋周圍用酒精擦試乾淨，然後再用飯匙徹底用力攪拌過後蓋上桶蓋，讓它繼續安靜發酵即可。

不過，若同樣的發霉現象發生在米麴味噌時，原因多半是在釀造混拌過程中加入太多水分，這時一定要記得以重石壓在味噌上，否則它會長出白毛霉菌（看起來有點恐怖但對人體無害），若又疏於照顧則連紅色、黑色、青色的霉菌都會出現。這時也不用太緊張，先將這些看起來凶惡的霉菌一一清除，然後用飯匙從底部徹底攪拌一次，讓味噌充分得到新鮮的空氣，再把桶蓋及周圍用酒精擦拭乾淨，放上約味噌總重量一半的重物壓上即可。

味噌若得到主人細心照顧，其熟成時間最少需要三年，而味噌隨著四季氣溫變化，在不同季節會散發出不同的香醇味。味噌對人最大的好處在於它所含的酵母及乳酸菌，但乳酸菌又有遇高溫即會死去的特性，因此用味噌做味噌湯或煮麵時，記得味噌必須要在湯水滾開起鍋前才放下鍋，以免味噌在高溫的鍋內熬煮而減損了乳酸菌。日本人喝味噌湯，通常是事先煮燙過味噌湯料，然後一一擺放在每個湯碗裡，並燒開了水調入味噌，再把味噌湯倒入已備好湯料的碗裡，這是為了杜絕味噌在鍋裡一滾再滾的情形。

為了讓味噌的酵母菌、微生物充分發揮對人體的有機功效，建議注重養生的讀者朋友「生吃」味噌。雖然不必學小氣的北條時賴下酒配味噌，但吃飯時放一點生味噌當下飯菜，或用切細的小黃瓜、紅蘿蔔沾味噌吃，對身體相當好。日本人喜歡將兩種以上的味噌混合使用，這種調味的技巧是為追求味道的多重變化，調出來的味噌複雜多層次。但其實只要是手工釀的味噌，不論是白味噌還是紅味噌，吃起來味道都像城府深厚的女人一樣多變。夏天時味道帶點介於酒與醋的酸

味，冬日則多點米麴發酵產生的甜味。如果釀製熟成超過一年還沒吃完，則可以製成調味品專用的味噌，例如豆瓣醬、南蠻味噌、甜味噌醬等，或者加入青色辣椒釀成和式辣醬。

這些混合而成的味噌調味料，多必須放入冰箱保存，可以視食材的分量，調好一次用完的使用量，最為方便。日本吃燒烤魚鮮時，往往喜歡用味噌來調味，譬如洋風燒烤則調入美奶滋、番茄醬，若是傳統的和風燒烤則加入味醂及料理酒，先將味噌與美奶滋、番茄醬等混拌均勻後，沾鋪在魚鮮上漬個半小時，然後架上火爐或放入烤箱燒烤即完成。

對味噌的瞭解愈深，就愈發現味噌的味覺可能性極大，經過調配的味噌不但可以由和風變成洋味，甚至也可以調味變成豆瓣醬。把大豆煮得稍硬點，讓它出現豆瓣醬的大豆瓣模樣，然後調入醞釀超過一年的味噌，再加上在韓國食品店買的辣味噌調拌均勻，裝入小瓶後放入冰箱使之再度低溫發酵一個月，即變成可以用來炒蝦仁、回鍋肉甚至煮魚用的豆瓣醬。只要學會做味噌，幾乎什麼醬料調味品都做得出來！

味噌

依四季展現百變風貌的調味之王

材料

大豆一・二公斤（量米杯八杯）／米麴兩公斤／鹽五〇〇公克／
種水（煮大豆剩的湯汁）少許

作法

・釀大豆前一夜把大豆洗淨泡水過夜，翌日讓連著泡過夜的水一起上鍋煮到熟軟為止。

・把軟到可以用手指壓碎的大豆撈起，放入大型攪碎機或磨盤裡磨碎；並把米麴混合粗鹽拌勻之後，趁大豆還帶著溫度（約三十度）時，用手使力把所有材料快速拌勻擠碎。此時，若發現太乾時，加入一少許的種水，讓它變得像耳根一樣的軟度。

・接著用雙手捏出如拳頭般大的味噌球，並一個個排列放入味噌桶。

・上層撒上少許的鹽分，以防止味噌發霉。

・用適合的盤子或木蓋子壓在味噌球上，用雙手壓平所有的味噌球，好讓球與球間的空氣擠出來。

最後蓋子上壓個約二・五公斤重的重物，放入冷涼通風良好的地方保存，大約三個月發酵完成即可食用。

混入大豆的麥麴

充分發酵熟成的味噌色澤深厚

II 苦相行

天氣燠熱導致人們脾氣暴躁易怒，很多人熱到向精神科醫師求救。其實，要強化對應壓力的腎上腺功能，可以多運動、散步或冷水沖泡身體來刺激腎上腺，刺激腎上腺讓腎上腺機能提高，即能提高人體對抗壓力的機能。此外，在飲食料理上，增加維他命C、維他命B群的攝取量，即是抗壓的自然食方。特別是炎熱的盛夏，遲遲未退的秋老虎，還有都市生活的不安失眠，凡有憂鬱症傾向的人，一定要多吃維他命C含量高的蔬果。

這些自然天候帶來的苦，還有社會壓力的苦等等，其實還是要以苦治苦，才能排解即將爆發的內心之苦。譬如，苦瓜、調製苦茶用的苦菜等，含有豐富的維他命C，能有效抗壓。

近年來，日本的精神醫學研究，大膽導入了營養學做為精神病人的治療。美國精神科的研究發現，指出現代人經不起壓力頻發的精神問題，與壓力造成體內維他命不足有關。除了維他命C可以減壓，有些精神科醫師也開維他命B群讓病人減壓。以自然飲食療法的角度而言，所有人體的維他命都可以由新鮮食材攝取，自覺「神精衰弱」的上班族，只要立即改善每天三餐的飲食習慣，應該就足以改善大半的精神苦惱。

早晨空腹進入體內的咖啡因，會讓貯臟在肝臟裡的肝醣快速轉化為葡萄糖，人體內的血糖質因此迅速升高，瞬間感覺舒暢「提神」。然而咖啡因的提醒效果，當它在人體內消逝下降時，人的心情會比剛喝下咖啡令人「舒暢」的速度更快地轉為陰霾，隨著血糖下降發生心情低盪的落差。早上空腹喝咖啡，

雖然有改善低血糖症的功能，但也同時帶來很可怕的反動。喜歡咖啡又有憂鬱傾向的人，建議喝與咖啡同樣有苦味的蒲公英茶、麥茶等。

從人類的味覺來看，「苦」其實是最深奧又富變化的品味，小孩子通常必須通過吃苦的儀式，才能瞭解食物的「美味」。苦與酸、鹹、甜等其他味覺不同，苦本身就分成很多種類。譬如，有苦得化甘的茶，也有帶著甜味、香味做為添加香料的焦糖之苦。釀啤酒用蛇麻草的苦。此外，天然海鹽調入醬油發酵後，混著滷水的鹽因為醬油再度結晶時會產生一種有深度的苦。

禪思想裡追求的「悟」，簡而言之，就是把自己從「心苦」中解放出來，讓自己體悟無我、放心、從而身心脫落（道元禪師語）的忘我境界。人在走向體悟的過程，不是由他人傳授指點或閱讀而得，必須借由生活掃洗如厠洗臉等生活修練，才能體悟人的肉身之苦其實可以化解「人心之苦」。這種把生活、料理當做道場的修練方式，即是日本人所說的「生活禪」。從某個角度看，生活禪也是一種「自虐」修行，而這恰與「人生不走容易路」的無蝶不謀而合。

無蝶認為，人必須透過心靈的苦、肉體之痛，才能達到「身心合一」的最高境界。達到「身心合一」的人，即使得了癌症也可以透過意志念力，以自然療法把癌細胞清除掉。簡而言之，平日勞動整頓身心，再透過專注的意志力，對肉體加以控制即是無蝶的「身心合一」。長期跟著無蝶生活，勞動之苦即是我們的道場，只要感覺心中有一股氣要發，我往往會自動拿起圓鍬往菜圃走去，或冒著盛暑燒起外灶煮飯，而現在最擅長的是拿起庖刀料理自己。

台語有一句話說「空氣在人嗌」，意即是自由自在如吞吐空氣般，這句話就像台灣人熱愛民主自由，實在是一句好俗語。在這麼炎熱的空氣中，吸入的熱空氣難免會讓我們「火氣大」，若有人故意煽風點火即怒火中燒。為了防止這些意外，同時能讓一早就洞察一天所需的智慧，早早圓又「通」。炎夏烈日，人唯有多多吃苦。天氣熱時不要忘了多吃點苦瓜料理。無蝶庵特製的苦瓜汁，是用苦瓜直接以果汁機搾汁，視個人口味加入適量牛奶、蜂蜜及冰塊調味。炎夏，苦瓜汁一直是我們園藝工作後的下午茶。

日本夏天盛產的孟宗竹筍，多帶有令人難以領

教的苦澀味，剛從竹林挖出或買回來的竹筍，剝皮後立刻用米糠煮掉苦味才能吃。最近，超市出現的真空包裝竹筍，其實有一大半是來自中國的進口貨。某位平日不常下廚的朋友，曾跟我說她買了一包真空包裝的竹筍，本來想切細煮火鍋，切開一看，發現筍心都是奇怪的白粉狀，以為是奇怪添加物的毒素，嚇得不敢吃立刻扔了。

其實，含有豐富蛋白質的竹筍，經水煮後都會凝結成白色蛋白質。只要切開洗淨即可。在竹筍心內結晶的白粉，含有一種稱為「吉羅辛」的阿米諾酸，是一種抗老化成分。而高纖維質的竹筍，亦含有維他命B_1、B_2、E及C等，因此鮮筍是消除疲勞的最佳食物。日本竹筍料理不少，從烤竹筍、竹筍煮物到炒竹筍都有。唯一沒看過的是醃酸筍，我後來無師自通用日本的苦筍，竟也能醃漬出無苦不酸的筍干呢。

苦瓜優格

以苦治苦，以味蕾之苦治癒心靈之苦

材料

苦瓜半條／優格二〇〇cc／黑糖蜜五十cc

作法

・先將苦瓜洗淨，對切並用研磨器把外表的凸出面磨成苦瓜泥備用。

・把優格倒入小盤或玻璃盤內，然後倒入磨好的苦瓜泥，倒上黑糖蜜即可上桌。

♥ 吃時把糖蜜及苦瓜一起混拌而食。

Ⅲ孝母麵

小時候我們住在板橋聯勤空軍基地的後面，老母常就近從基地阿兵哥那裡獲得麵粉的配給。母親常用那些麵粉，學外省籍家庭發麵做包子、饅頭給我們當點心。可能是小時候飲食習慣的影響，到日本來後我也會想念台北的山東大饅頭，有時也會想吃包了花椒鹽酥油油的花卷。

出生在東京北區的無蝶，對於象徵著美援的「麵粉」，同樣帶著複雜的滋味。無蝶曾回憶說，當他還只有五、六歲時，東京都的物資還非常貧乏，北區一帶曾出現拉著驢子托著蒸鍋叫賣「驢馬麵包」的生意人。那頭驢子邊走邊拉屎，而有時剛出爐的麵包，顏色還跟驢糞一樣泛著黑黃。

在貧困的年代裡，即使是攤販賣的蒸麵包，也能吸引大群流著口水的孩子們。生意人為了多賺點錢，加入雜穀或玉米粉的蒸麵包，吃起來雖不甜但有一種實在的純樸感。無蝶現在很愛我做的饅頭，有時因為饅頭「實在」的口感，一面吃還一面學驢馬麵包的生意人唱喚著：「驢馬麵包！驢馬麵包！」

喜歡麵包的人一定知道，日本人的麵包不僅好吃、花樣多，同樣也非常「有型」。麵包雖是西洋人的主食，但自從隨著船堅砲利傳入日本後，至今已發展出屬於自己的麵包文化。紅豆餡麵包就是日本人發明的，稱為「あんパン」的紅豆麵包讓不少老台灣人，一聽到「あんパン」就因懷念而開始流口水。至於台灣小朋友，一聽到「あんパン」這個名詞，大約就會學「麵包超人」做出伸腰打拳的動作吧！

照顧酵母像在照顧孩子

明治初期，有個名叫木村安兵衛的武士，為了讓吃慣了米食的日本人也能愛上麵包，特別研發推出豆沙餡的「あんパン」。木村紅豆餡麵包推出後，立刻受到廣大日本民眾的喜愛。創立於一八七四年的「木村屋」，接著陸續推出甘薯餡、綠豆餡及栗子餡等各式「あんパン」。由武士變成麵包店老闆的木村，對於自己的麵包相當有自信，曾託人送數個「あんパン」呈到明治天皇跟前，據說明治天皇自從吃了「木村屋」麵包後，從此不僅愛上了麵包這種洋食物，還像「麵包超人」舉拳吆喝發奮圖強提出了富國強兵的維新計畫。

經過了一百多年，「あんパン」至今仍是日本最經典的麵包，在銀座設有分店的「木村屋」，至今仍保持當年最元祖的「あんパン」的設計。紅豆沙餡分別有粒狀、粉狀兩種，麵包外表則分別以櫻花、罌粟子做裝飾，中間用大姆指押個小凹洞的造型，看起來有點像甜甜圈。麵包做好後在中間壓一下，這個是原本學過和菓子的麵包職人，無意間想出來的小動作，因此讓吃的人每一口都咬得到甜豆沙。

不僅「あんパン」是日本人的麵包，像用熱油炸過的咖哩麵包，還有最近在台灣也成為話題的炒麵麵包等等，都是日本人自己原創發明的和式麵包。所謂的和風麵包不僅止把和菓子的餡運用在麵包上，最重要的是日本人導入了傳統的酒麴發酵法，把西洋的麵包調製成跟他們的「酒饅頭」風味相近。日本的酒麴發酵是門大學問，當年要不是那位木村武士開發酒麴發麵成功，「元祖木村屋」的招

牌也不可能屹立至今不搖。

「發酵」原本是人類保存食物的一種智慧，所有的發酵食品的發明，其實幾乎都在偶然的狀況發生。說它是人類的偉大發明，還不如說它是一種「天機」，因為天時地利的巧合，讓不可能發生的事發生了。事情不過是因為時機巧合，讓長期放置在室溫內原本就要腐壞的食物，卻因適時加熱及調味而令食物更加美味。在還沒有冰箱、瓦斯爐、烤箱的年代，西洋人就是靠著家中唯有的烤爐取暖，拿起放置在室內度過數日「自然發酵」老麵，放在暖爐上已達火的發酵點四百度高溫的天板上，即能快速烤成全家四五口的主食。

幾乎所有的料理法，都是因生活經驗而得來的，因此我常告訴想跟我學料理的後輩說，做料理不是看食譜就能學會的，一定要親自下廚用「身體」記住它；因為，唯有運用身體記住料理的做法，才會變成屬於自己的手藝，同時也才能讓口味「活」起來。特別是發酵這門學問，光靠市售的食譜永遠學不會。因為發酵會因時因地因、氣候、空間出現不同的結果。

發酵過程的奧妙，有時跟人生的意外很像，若比喻為男女感情互動也很貼切。因為發酵過程要細心觀察，小心「培養」。過程像極了男女長期相互觀照所培養出來的默契。當你開始懂得在夫妻感情保持平衡方法，開始學會了知己知彼時，大約就能懂得如何餵養老麵，讓她們成為永續經營的酵母了。一家之煮的母親，當懂得用食物培養一家的愛情，知道用什麼妙計化解過度發酵所產生的酸味，學會讓過度繁殖的乳酸菌由酸味轉化成Q甜的技巧，大約也能懂得我常說「發酵愛情」了咱。

和式鹹菜麵包

日本獨有的醬菜料理麵包

材料

低筋麵粉二〇〇公克／砂糖三十公克／酵母粉一小匙／沙拉油適量大匙／鹽三公克／鹹菜及絞肉適量

作法

・把所有的麵粉、砂糖、酵母菌、鹽及沙拉油混合，用溫水揉合成麵團後發酵備用。

・把鹹菜混合絞肉、腐皮等用油炒過後備用。

・等麵胚發酵後分成六等分，把鹹菜等做成的餡包入成形。排列在大盤上進入第二次發酵三十分鐘。

・以預溫的烤箱，一百八十度二十分鐘烤成。

共生發酵中的全麥麵胚

Ⅳ 恩愛餅

日本人過年吃年糕的習俗是從中國傳來的，華人吃年糕多是炸煮之類；但日本人吃年糕時，則無論混著雞湯做成雜煮，還是包海苔沾醬油吃，多先把年糕用火烤過後，才調味或泡著紅豆湯吃。為什麼日本人吃年糕總用火烤？日本人過年烤麻糬這個吃法，從何得來已不可考，但原因應該是日本年糕著重「杵打」技術；又因為杵打過程打入的空氣，讓日本年糕遇烤火會出現各種「表情」。

烤麻糬這個過程，也變成了貪瞋痴的「妒恨」之情，那等著麻糬吃的猴模樣，那吹鬍子瞪眼睛膨脹冒煙狀。那被烤到極點，因此開始美得冒泡的麻糬，像人的表情出現一浮一沉的「生氣」狀。有時等久了，急得伸手拿它，卻燙得縮回來的猴急狀。那因為吃得太快，卻熱得在舌尖進退不得的窘狀。日本人的年糕，因為多了烤這道手序，多了年味的氣氛不說，也因為那些年糕的各種表情，讓團圓飯吃得更熱鬧。

日本的年糕做成圓的稱為「鏡餅」，做成四方如磚的稱為「伸し餅」，為何其形圓如鏡，切成塊狀又似磚呢？據說，那是來自唐僧馬祖與南嶽的禪對話。

南嶽某日前往馬祖庵門問道：「大德坐禪圖個什麼？」馬祖道一回答：「圖作佛。」南嶽於是取出一塊磚，在馬祖的庵前磨了起來。起初馬祖並不加理會，但日子久了，覺得納悶，便問道：「你磨磚做什麼？」南嶽答說：「磨作鏡。」馬祖笑道：「磨磚豈能作鏡？」南嶽反問說：「磨磚既然不能作鏡，坐禪豈得成佛？」馬祖頓開心智，向南嶽揖禮。

這即是深入日本民間過年吃年糕，做出來的年糕有磚有鏡的「磨磚做鏡」的故事。無蝶與我一起做麻糬時，他總是不願做鏡餅，他向來偏好磚來磚現，喜歡做切成磚形的伸餅。這可能因為，杵打或用機器打過的年糕，用手推平後等它涼了，切成塊狀利於保存，另外鏡餅通常是供佛之用，一般人多不做為正月過年吃食之用。

日本的過年，正月初一吃的年糕湯叫做「お雜煮」，是用雞湯、雞肉，香菇、芋頭等根菜類，配上薑及柴魚等熬出香味四溢的雞湯。把烤軟烤得「發胖」，烤得「發福」，甚至烤得「發奮圖強」的烤年糕，放入大木碗內淋上香噴噴的雞湯，

即是元旦早上吃的「年糕湯」。這種用雞湯做湯底，有祈福吉祥之意的雜煮，各家都有自己獨門的口味及好料，但基本上是以雞湯加生薑熬成湯頭，關西人喜歡用味噌調味，關東人則習慣醬油口味。

在日本這麼多年，過去有時是附近農家送的年糕，有時是自己買糯米用外灶蒸熟後，用打餅專用的機器，自已打了算。搬到那須後，與沼田家的爸媽熟了，現在過年總能吃到沼田老夫婦，特別為我們手打的古早味純手工年糕。沼田家的招牌手打年糕有兩種，一種是加了毛豆、花生的做成半月形的「かきもち」，另一種則是切成磚形的「伸し餅」。無蝶依然喜歡磚來磚現的南獄之說，我則愛上了有大豆花生的「かきもち」，因為「かきもち」無論其形狀、味道都令我想念母親包的花生粽子。

日本傳統的杵臼打餅，講究的陰陽「氣合」之妙！提打木杵的一定是一家之主的男人，而適時手抹冷水翻動熱麻糬的多半是男主人的伴侶。看過很多祭典打麻糬的鏡頭，拿杵擊打的一定是男人，抹水幫忙翻動的雖然有時會出現男人，但一定是相當熟識的工作伙伴，或有默契的親友。老夫老妻合力用木臼「鏡」麻糬，你一杵我一抹，有時還嗯啊、愛啊，配合著韻律有致的呼喝聲，一對老夫婦打出

來的顯然不僅是年糕，還涵有幾千年老祖宗傳承下來夫婦的相處之道。

日本人吃麻糬的花樣繁多，把伸餅用水或微波爐煮軟後，加入大豆粉及糖霜即成「大豆粉麻糬」，加入拌過的納豆即成「納豆麻糬」，加入蘿蔔泥即成了「辛味麻糬」，加入磨碎毛豆成為翠綠色的「毛豆麻糬」。吃不完的日本年糕，為了常溫的保存可以切成小小方塊，這些小年糕過油炸會像爆米花一樣，變成受小朋友歡迎的香脆「揚餅」。此外，吃不完的年糕分裝小袋冷凍，要用時解凍用水煮軟後，立刻可以配合大豆粉或紅豆再生。老年糕的口感雖然鮮度少了點，但因為年糕容易保存的特性，許多人過年做多了年糕，吃剩的就當做防災之用，以備不時之需。

日本麻糬只要一小方塊，就等於一碗飯的熱量，咬起來有嚼勁也易飽。日本人過年吃麻糬，除了喜歡杵打出的Q脆口感，其實也希望吃了麻糬之後，能發揮猶如「麻吉」般的粘纏功力，新年繼續在工作及事業上打拚下去。為了討個「麻吉麻吉」的吉利，現在每年我與無蝶都堅持吃擊打過的Q脆麻糬。

和式年糕

日本人過年必備的吉利「麻糬」

材料

糯米三公斤／太白粉少許

做法

・把糯米浸泡一夜後以快火蒸煮約一個小時。

・將糯米放在糯米攪拌機打擊。或將糯米趁熱放入木臼或石臼內，另有人備以木杵侍候。攪拌機約三十分鐘即可完成，人工打餅的話，分兩次的分量打，同時需要一聲一喝的節奏及默契，並趁著木杵高舉之際，敏捷地用手沾冷水翻動糯米。最少要打三十分鐘。

・趁熱把打好的糯米糰放在舖了太白粉的平台上，然後用手把米糰推成約一公分半高的平面狀。

待糯米糰全涼了後，以菜刀把白色平面狀的年糕切成約四乘三公分的方塊狀即成。

第三章
智慧鼎心

來奉茶

長期以來，已養成一日兩餐的習慣，而一天當中也有兩次飲茶，一次是上午的十點，一次是下午的三點。若遇有重勞動的工作，中午依然備有充飢用茶點。我們平日喫的茶點不是香蕉、蘋果、烤蕃薯，就是自家手作、糕餅或涼粉。至於茶水，無蝶偏愛南美的馬黛茶，我則喜歡台灣的蓮藕茶。無奈，這兩種都是親友遠途送來，只能當做珍品淺嚐，平日做為牛飲的唯有設法就地取材。

譬如夏天，我們採集柿子葉、紅三葉、赤松葉等，洗淨曬乾後煎煮放涼冰靜，做為獨門的清涼飲料。另外，炎熱的盛夏因為拔草種菜而脫水頭暈時，來杯兌點鹽梅汁的熱茶，即見功效。若只為了退暑氣，最愛來一杯現打的苦瓜牛奶，苦瓜牛奶能讓盛暑的午睡變得香甜。苦瓜有解熱消除疲勞，還兼具健胃及改善便祕之效。

無蝶年輕時經常為扁桃腺炎所苦，直到壯年只要一感冒扁桃腺炎就跟著上來，

來奉茶

而且多咳痰不止。這時只要泡一杯薑汁綠茶送上，痰也咳出來了，扁桃腺的微熱症狀趨緩。其實，我從青春期就有手腳冰冷虛寒之症，冬日的薑汁綠茶對改善虛寒婦人症，比喝雞湯中藥進補還有效。另外，薑汁及綠茶都有恢復自律神經的功能，相當適合中高年退休族飲用。不過，若多飲綠茶會有不眠狀況的人，建議只在上午喝綠茶兌薑汁，下午若同樣想喝薑汁茶則捨綠茶，改調入牛奶配合。

綠茶是日本人長壽的祕訣之一，綠茶苦澀來自兒茶素（Catechin），在臨床醫學上已證實有抑制癌細胞、降低膽固醇、改善高血壓及抑制血糖上昇等功效。根據調查，日本數一數二的茶葉產地靜岡縣癌症死亡率，只有日本全國癌症死亡率的五分之一。根據當地的飲食習慣調查，靜岡縣的成年人不分男女，每年飲用綠茶量約五公斤，平均每天十五公克至二十公克左右。日本的喫茶文化起緣自中國，但日本人的綠茶烘焙發酵法，以至於平日喫飲綠茶的正確作法，至今傳神地保留古中國人的健康習慣。

譬如，生於九百餘年前平安王朝的榮西，有感於日本佛教淪為貴族政爭的工具，因此曾兩次渡宋習禪經年，返日成為臨濟宗的高山祖。晚年大力提倡宋人的飲茶健康法，寫下《喫茶養生記》上下兩卷，主張平日以茶為「藥」，習慣喫飲綠茶即能養生。《喫茶養生記》裡說「茶為養生仙藥，延命之妙術，山谷生其茶，即有神靈。人倫攝取茶者，其人長命。」晚榮西三百餘年出生的茶聖千利休，也曾提倡茶人宴客之道以茶會友，著重「一味同心」的身心合一。茶人的身心合一講究身體的作法，只要作法正確了，待客的真心就能在茶味裡浮現。

日本的茶道、茶會講究「和敬清寂」四個字，這四個字充分表現了謀和的宇宙二元論，和就是敞開胸懷謀和，相互尊敬，互為清心，互惜寂了。從某個角度來看，茶道即是日本人飲食文化的中心點，中國茶文化的源典「一心兩葉」的精神，既傳達了古人陰陽兩極對立又諜合的思想，也用「一心兩葉」隱喻了人心虛實的兩面性。日本人的採茶文化到喫茶文化，至今仍表現了趙州從諗的《喫茶去》的禪思維，茶與禪即是日本人飲食生活中的「一心兩葉」。兩者抽掉任何一方，都失去了心的完整性。

日本知名的瘋和尚一休，為了防止打坐時睡著而走火入魔，一天要喝好幾次茶提神。一休因此提出「禪茶一味」的理念，認為若沒有茶這一味即沒有禪發展出來的「養心」的內觀佛法。一休知名的俳句：「心如何說？墨畫描出松風音。」後來被心理醫師河合隼雄分析解釋為，一休所畫用圓象表現的心，既呈現東洋人心的完整性。也表現了二元宇宙論終歸一圓的融和性。心跟人一樣有正面也有反面，有實際肉身也有隨行的影子，心跟曼茶羅一樣有上方也有下方。心是圓的，它是風也是影。

茶道的一味同心，後來與禪思結為一體，然後深植日本飲食人文化的深層，最後變成了極具有象徵意義的「心」。

日本人喝茶不僅品它的苦、澀、藥等茶本身的風味，日本的茶聖千利休把茶道加入「無常」的禪思，釀成了一邊喝茶一邊沉思人生問題的「侘茶」。千利休之後，權貴及凡夫俗子附庸風雅，讓「茶道」文化普遍深入日本人的生活。

綠茶中含有丹寧酸、咖啡因及維他命C，丹寧酸及咖啡因經過熱水沖泡不會受損，但維他命C則會因為滾水而遭到破壞。因此，日本人泡茶時都用八十度的溫熱水，不像我以滾燙的熱水沖泡烏龍茶或包種茶。抹茶是摘取未受陽光照射的嫩茶葉，經過蒸煮曬乾去莖後磨細的茶粉，抹茶所含的維他命C比一般綠茶高。抹茶即是茶道中使用的綠色粉末，沖抹茶時必須使用竹製的「ちゃせん」茶筅在茶碗裡左右掃動，讓抹茶因為熱水及空氣的攪拌出現泡沫，才能端起茶碗安靜定神地入口。不習慣日本人繁文縟節喝茶習慣的人，建議與溫牛奶混合飲用，不但保有抹茶的維他命，而且養生通便又有安定自律神經的作用。

抹茶輕羹

色味皆美的養生甜點

材料

山藥七十公克／砂糖一五〇公克／糯米粉四十五公克／米粉四十五公克／抹茶一小匙／醋少許

做法

・把山藥皮削乾淨，放入醋水裡泡一下，接著用研磨器或磨碗磨成泥狀。

・把砂糖及水分數次，一面攪拌一面倒入山藥泥中。接著加入米粉及糯米粉拌勻，把所有材料分成兩等分，一等分先放入蒸型盒裡，另一半加入抹茶拌勻備用。

・把裝著白色輕羹的蒸型盒放入蒸籠，用大火蒸個十分鐘取出，倒入抹茶的輕羹材料，繼續蒸個十分鐘即完成。待涼後即可以切片食用。

II 歡待酒

文化是人類歷史的累積，每一點一滴的文化形成，皆得自人類每一天的生活微塵，是那些看似微不足道的生活細節，經過長時間的歷史沉積醞釀，才得以形成如今碩大美麗的文化之華。在日本的飲食文化中，清酒即是從日本人生活中，沉澱、累積、千錘百練粹綻而成的精華。從庶民百姓的生活中開花結果的日本清酒，從講究代代承傳門外不出的釀造法，到喝酒時冷熱不同的調配，甚至連低度酒精的大吟釀，都是為愛喝又易醉的日本人量身定做的「國酒」。

在人類的飲食史中，酒自古以來就與祭典及救贖有關，例如基督教以葡萄酒象徵耶穌的血，受洗的教徒接受葡萄酒及麵包的「聖餐」，是神賜給受洗教徒最特別的恩寵。這可能因為酒的釀製需要花很長的時間，而喝入體內後令人心歡悅動，含有精神昇華或愉悅昇天的象徵之意。全世界無論哪個文明，酒的起源及使用，幾乎都被定位在人與神之間。其實，在所有飲食文化裡，酒精及酒神都帶著善與惡的兩面性，酒的力量既能讓人通天，同時也能通魔獲得創作力。有關酒的兩面性，貝原益軒說道：「多飲害人事，酒過物難足。」

至於古代的中國擺酒歡宴，則常與王權爭戰連在一起。王翰的〈涼州詞〉吟唱：「葡萄美酒夜光杯，欲飲琵琶馬上摧，醉臥沙場君莫笑，古來征戰幾人回。」當年中國從軍塞外征場的古英雄，以葡萄酒做為為國捐軀的儀式；這場設於荒涼塞外的歡待酒，醉不醉不打緊，抱著必死的不歸之心。除了王翰的葡萄美酒，還有宋太祖趙匡的「杯酒釋兵權」，讓政權下的歡待酒含有埋伏的殺機。事實上，與「杯酒釋兵權」近似，

擺酒歡待沼田夫婦

於酒宴後被天皇內侍暗殺於歸途中的皇子、重臣，在日本史上也有多起。

李白的〈行路難〉吟道：「金樽清酒斗十千，玉盤珍羞直萬錢。停盃投筯不能食，拔劍四顧心茫茫。」從這首李白的詩句中得知，一千三百多年前的中國就有「清酒」，不過李白所說的「清酒」應該是中國人經過燒煮蒸餾的米酒，與今天日本的清酒完全不一樣。因為，日本清酒採用米麴發酵，與中國用酒麯發酵後的蒸餾法，雖同是清澈如水的米酒，但因發酵過程不同，酒精度及口感也不同。日本清酒很有可能利用自己的風土，從繩文文化一脈傳下來的獨特釀造法。

朋友問：「幾百年前台灣的原住民就會釀小米酒時，難道他們那時候就用日本進口酵母菌嗎？」其實，全世界的少數民族，他們都利用口中唾液裡的酵母釀酒，無論原料是樹葉汁、果汁或米汁釀成的酒，一概都是採取「口嚼發酵法」。在日本的民俗傳說中曾出現，生病的老嫗走入森林，無意間喝了「猴子酒」後出了一身汗，結果宿疾就這樣無藥而癒。傳說中的「猴子酒」，就是猴猻咀嚼果實後吐在貯藏果實的老地方，於是那些果實湯汁就這樣變成水果酒。

不要說猴子會釀酒，其實只要掌握釀酒的基本原理，連三歲的孩子都可以簡單釀得「蜜月酒」。古代的羅馬帝國，就習慣為新郎準備蜜月酒，讓新婚夫婦於一個月的蜜月裡，天天喝蜜月酒「進補」。說穿了，密月酒根本不用什麼技術，就是天然蜂蜜調水後，放置在常溫裡就會發酵成酒。沒錯，釀造酒的基本原理就是「糖」加「水」，外加一小茶匙的乾燥酵母菌，就這麼簡單就能把「糖水」導引成酒精。不要說蜜月酒，就連喝剩的甘蔗汁調點水，根本不用理它都自然能變成「甘蔗酒」。

釀酒的基本原理雖然簡單，但要釀出好喝的日本清酒，除了要靠米麴及酵母來發酵，還得尋得良質的礦泉水或井水，若再配上專為釀清酒栽種的「酒米」的話，那麼無論什麼人都可以於兩週至一個月內，在家釀造出美味又上品的日本清酒。日本清酒的發酵法，是屬於「並行複發酵」形態，意指米麴把米的澱粉質加以糖化，在同一時間酵母也把糖分轉化成酒精，而這種發酵法也是日本酒的特色。戰後，日本人鑽研開發釀酒用的酵母菌以及專為釀酒用的「酒米」，於是成功地把日本「國酒」由清酒提昇為「大吟釀」。大吟釀的高酒精度及香醇酒氣，據說全靠精良的白米及酵母菌發揮出來的釀酒藝術。

凡是用米麴釀成的酒，都是屬於「並行複發酵」的模式，日本人江戶時代還當做甜酒喝的「味醂」，也是採取「並行複發酵」而釀成的。用糯米釀成的味醂，

味酒精成分達十四％，江戶時代日本人曾將味醂當做酒飲用。不過，現在市售的味醂其實都是經過加工的化學調味料，它們的酒精成分只有一％左右。真正採用糯米釀造的「本味醂」，做為調味料可以去魚鮮的腥臭，也有「收縮魚肉」讓它們吃起來Q彈的口感力量。此外，味醂中含有的氨基酸及糖分，也是和式「照燒」的基本調味品。此外，想要燒出阿嬤級的和式「煮物」（滷菜），一定不要忘了調入味醂這個日本甜酒。

米酒

在家釀造美味日本酒

材料

白米一公斤／米麴一公斤／酵母一小匙／礦泉水（或良質井水）四公升

作法

・以總米量兩公斤的分量，其中做為米麴的量為一公斤，做為蒸米的部分同樣一公斤（白米與米麴比例為一：一，這裡的一公斤指的是未經蒸煮前的米重，經過蒸煮後的重量增加三〇％左右），水分的增減也會影響酒精濃度，依個人喜好，水分可在總米量的一·三到五倍間調整放涼。

・把白米蒸熟後，放涼到三十五度左右調入米麴拌勻。

・然後把礦泉水先倒入酒瓶內，接著放入還留著微溫的米麴及米飯，最後是撒入酵母。

冬天一個月，夏天約十五天即可以飲用，濾出米粒的叫清酒，連著米粒喝的就成了「濁酒」。

無蝶庵的純釀造酒品

味醂

和風燉煮料理的靈魂

材料

糯米二·七公斤／米麴六〇〇公克／酵母一小匙／水二公升

作法

・糯米浸泡在水裡過一夜，翌日燒柴用外灶蒸熟了糯米。

・等糯米充分放涼到三十五度左右，把米麴、糯米拌合為一體放入瓶中，接著把事先燒開過的二公升礦泉水或古井水調入瓶中，最後放入一小茶匙的乾燥酵母粉，好引導味醂發酵成酒精。

・為防止野性酵母入侵引起的發酵爆炸，偶爾打開瓶蓋透氣。味醂的糖化發酵過程很長，最少要經過一年時間才算熟成，一年後打開，過濾擠乾酒瓶底下的酒渣，約可以榨得五公升味醂。

Sakura 幫忙番茄酒

III 唐辣子

從某種角度看，辣其實並不是味覺，而是屬於「皮膚」的快感。吃了辣味的人，血液循環加速、心跳快臉紅耳根發燙，整個過程很像遇到了熱戀情人，這也是為什麼英語及華文都用「辣妹」來形容性感美女的原因。奇怪的是，日本人用「辛い」（からい）這個字眼形容辣，然而「辛い」（つらい）不同發音時卻是辛苦之意。日本人對辣的形容顯然來自漢字的「辛辣」兩個字，他們刻意丟掉了「辣」這個皮膚感覺，留下比較屬於心靈反應的「辛」這個字眼。

由此可見，日本人品味的「辣」，充其量只是心情問題；這與講究皮膚辣快的韓國人，顯然大不同！帶著皮膚痛快的辛辣味，對日本人而言只能淺嘗即止。除了像吃生魚片帶有「消毒」意味的山葵、薑、蘿蔔泥等根菜類的辛辣口味外，多數的日本人無法像台灣人或韓國人般享用麻辣鍋，即令吃飯配點韓國泡菜也是辣中帶甜的和風口味。

日本人多半不能像韓國人般生食辣椒，更不能像山東人那樣吃饅頭配大蒜，日本料理中做為佐味的辣，多半經過發酵的緩衝，要不然就是加熱或烤過，必須用料理手法去掉辣本身的刺激性才入口。就算日本人偏愛的印度咖哩，也是經過和風的綜合調味，開發成適合日本人的圓融甜辣口味。

號稱發酵大國的日本，他們擅於利用米麴發酵後的甜味，綜合掉辣椒的刺激性。譬如，用醬油、米麴、青辣椒混合發酵的三升醬即是和風的辣椒醬。又例如，日本料理中做為烤芋頭、烤茄子、煮黑輪等用的「田樂味噌」，就是把辣椒調入味噌、味醂炒熱後，讓辣味噌再度與辣椒發酵完成。日本人也吃大蒜，但吃時不是用炭火烤，就是以味噌、醬油等醬汁釀造去掉辛辣味後才食用。

由檀一雄自傳小說改編，深作欣二導演描寫的飲食男女名片《火宅之人》，有一段描寫沉迷婚外情燕不歸巢的主人公，被叛逆期的兒子侵入租住處騷擾後鬧入派出所。當一家人從警局和解走出來時，老婆、女友先後不是滋味地離去。男主角帶著十五、六的兒子，走進淺草觀音寺附近的居酒屋吃飯。做父親的在居酒居的席上，第一次把兒子當大人看，邊吃邊談起了自己的婚外情。父親沒有正面回答兒子的提問，故意話鋒一轉把手中的酒杯交給兒子說：「你要喝一口嗎？」未成年的兒子當真，猛喝了一口燒酎就「辣」得噴了出來。

日本人喝酒多偏好酒中的辛辣味，不要說芋頭等雜穀類蒸餾的燒酎，就算清酒或啤酒有時也強調辛辣的口感。從某個角度來看，日本酒品中的「辛口」，是日本人欣賞的「辛酒」，其麻醉性尚未入口前就先以辣味在舌尖挑撥，那種發酵配合蒸餾才有的酒辣，比「辣妹」撩人的誘惑更加迷人。

對不少戰後出生的人而言，因失戀喝下人生第一口苦酒時，才體會到走在愛情路上的「辛」滋味。識得酒辛味，算是「轉大人」的第一步，暗夜獨飲的辛酒淚，應是多數人青春年少的記憶。在《火宅之人》電影中，當父親的主人公還為兒子叫了一碗「煮込」，那是豬腸、蒟蒻、豆腐、牛蒡等用味噌滷煮的一道庶民料理。過去，東京傳統的居酒居常有這一道配飯兼下酒菜，酒客多叫了一碗煮込當下酒菜，喝完酒再叫一碗白飯泡湯吃飯。電影的鏡頭寫實地拍下關東人的父子關係，同時也把父子相傳的「轉大人口味」帶入鏡頭。

「明太子」是醬漬過辣椒的鱈魚卵，烤過的明太子辣中帶香，是茶漬飯、做飯糰時的上好餡料。明太子起源於飲食文化複雜的福岡，當地的韓裔人口用紅辣椒醬漬鱈魚卵，出售時打出的招牌上面寫著「明太子」，因為中國人稱鱈魚為「明太魚」，「明太子」即是指明太魚的卵。最初雖然是韓國人的口味，但明太子的辣其實很溫和，它烤過後的色澤及香氣極開胃，當做早餐下飯菜時保證誰都會想再添一碗飯。也許因為喜歡「男人真命苦」的原故，無蝶特別喜歡寅次郎喜歡的明太子，也總覺得「辣」是個感染力強勁的流浪者。

屬於東京人的辣，除了吃了會上癮的明太子，還有配蕎麥吃的「七味唐辛子」。「七味唐辛子」包括芥子、芝麻、陳皮、山椒、紫蘇子、菜子及生薑等七種香辣混合調味料，它是日本人餐桌上最常見的調味品。東京人吃蕎麥時習慣先加山葵、細葱入湯，然後又撒上些許「七味辣椒」當佐料，有時吃中華熱麵也會放些「七味唐辛子」增加口感。「七味唐辛子」是屬於江戶時代的發明，幾乎所有關東一帶的寺廟前小土產店，都一定有人在叫賣這個東京人熟悉的調味品。

可能是辣本身的刺激性，佛門的人多半禁食辛辣；日本料理對辣味所表現的「節制」，應該與佛門的「精進料理」的影響有關。京都寺院裡出現的「精進料理」中，卻常出現辣得令人咳嗽的蘿蔔泥，秋天時甚至在蘿蔔泥中混合紅辣椒磨出的「紅葉おろし」（紅葉泥）。總的來看，日本料理中的辣不是像蘿蔔、生薑之類根菜的辣，就是雪裡紅等葉菜醬泡過後才發生的辛辣。日本人的辣味相當圓融，和式的辣味通常在鼻腔竄動後往喉嚨裡擴散，絕不是那種從嘴唇一直熱燙到腸胃的刺人辛辣。

韓國泡菜的材料

透過發酵展現圓融辣味

材料

白菜1顆／粗鹽一〇〇到一五〇公克／蘿蔔絲干一〇〇公克／蔥一五〇公克／紅蘿蔔適量／韓國鹽醬小沙丁魚或鹽醬魷魚一〇〇公克／小蝦鹽辛（台灣稱為「胳」）一〇〇公克／蜂蜜兩大匙／辣椒粉十到十二大匙／大蒜（切細）三十公克／薑（切細）三十公克

做法

・從白菜頭部切開成四瓣，以白菜重量的五%計算的粗鹽調味，擦洗白菜硬質的莖部及全身，放入塑膠袋內或水桶內加壓約兩公斤的重石，讓白菜在鹽水內發酵變軟過一夜。翌日，取出白菜倒掉鹽水，用手擰乾白菜備用。

・把切成小段的蔥、蘿蔔絲干、紅蘿蔔、鹽魷魚、小蝦鹽辛、蜂蜜、辣椒粉及蒜薑等放入大鐵碗內拌勻。

・然後以雙手撥開白菜葉，由裡到外一層一層包入鐵碗內的料，最後一層的白菜葉拉出來，把露在外面的料包緊即完成。

・四等分的白菜都包完料後，一一放入塑膠盒內或塑膠袋內封緊袋口（隔絕不必要的空氣），放在常溫中讓它發酵一天。

・接著置入冰箱內低溫發酵，約一週、十天是最好吃的時期。若放太久會變酸，不過變酸的韓國泡菜，可以當做火鍋料加熱吃，也可以炒豆腐或炒豬肉。

♥ 若想保存久一點，記得不要調入糖類，因為蜂蜜等甘味有加速發酵作用，造成泡菜變酸或不易保存。

Ⅳ 酸梅醋

日本話裡有「鹽梅」這個用語，意指恰到好處的安排處理，語源則來自梅干醬漬過程中，指鹽的使用恰到好處讓梅干爽口美味，猶如神旨般讓鹽與梅結合為一。鹽梅後來引申為對事物恰到好處安排的能力，指鹽分不但幫助梅干保存，梅干發酵釋出香味讓鹽更加美味。筆者原以為，鹽梅是日本人特有的形容詞，後來因為深入研究中國古典中的發酵，這才發現鹽梅在四千年前的殷朝就有了。據說，武丁王的妻子婦好，即因為能釀得一手好梅干，而受到武丁的褒揚。

梅花於臘月開始含苞綻放，約農曆年的二月盛開，六月進入梅雨季時結果，七月採收後加鹽、紅紫蘇釀製，中元節前後的烈陽下曝曬，連續三天三夜的青天白日加上晚上回鍋紫蘇酸梅湯的滿地紅，即可裝入瓶鍋中保存至十月十日初即可食用。多年的釀梅經驗，加上對梅花、梅子、梅雨節令的瞭解，筆者突然發現建立中華民國的先賢先烈，他們顯然像梅一樣有心，把梅花到梅酸的特性，全包含

進入國旗的顏色當中。

日本人愛梅、吃梅的習性，讓我也依樣學樣做了十幾年的手釀梅，筆者因而瞭解當年以梅花為國徽的真意。所有日本味當中，梅干是最能代表智慧人生及歷史的，梅干在日本的文學中成了最具象徵性的存在。然而，它來自古中國文化的精髓，不要說台灣人忘了梅子酸代表母性的滋味，就連梅子酸是健康必備的智慧調味都忘了。日本最早的醫書《醫心方》（西元九八四年），首次出現有關梅的記載，當初梅在日本也僅做藥用。

直到鎌倉時代，武士為了戰陣攜帶兵糧米飯，日本才正式開始把梅子當做食物。日本人在家庭內手釀梅干的習慣，是江戶時代才開始盛行，最先只是賣烏龍麵、蕎麥麵的店家供客人佐麵的「藥味」，後來很快地被勞農庶民接受，普及成為一般家庭的下飯小菜。擁有防腐效用的梅干，對當時還沒有冰箱的時代而言，實在是防止傳染病及食物中毒的良伴。除了防腐功能，梅干還有防臭殺菌的效力，因此日本人一直拿它來為魚肉去腥除臭。事實上，醬漬過的梅干、脆梅、梅酒等，與各種魚、肉調配料理後，不但可以增加食材本身的風味，還是最佳的「抗酸化」養生料理。

曬完了梅干的紅紫蘇，在烈陽下曬得發酥後，用磨豆機磨碎後可做飯糰、壽司，是健康天然的調味品。這些紅紫蘇日文稱為「ゆかり」，其意為漢字「緣」之意。日文裡常把文學遺跡稱為「〇〇のゆかり」，意指某某文人在這裡留下的馨香之緣。梅干的「ゆかり」放在乾淨瓶中，以常溫就可以保存多年，與良質文學作品在人心中發酵，反芻，成為人間香醇之佐味雷同。其中，耳濡目染，你中有我，我中有你的特色，像極了夫婦親子間的緣分呢。

村上曾在他的長篇小說《舞・舞・舞》裡提到，主人公做了幾道下酒菜，「用長蔥與梅肉調成，然後放些柴魚酥」某有心的讀者，曾去信村上：「只有這樣嗎？不用調味料嘛？」村上的回答：「把白蔥切細，用梅干搗碎的泥醬混合後加點醬油，然後放點柴魚酥就成了。就像『蔥鮪魚手卷壽司』做法一樣，我只是把鮪魚換成梅干而已。」顯然，為了健康平日立意不多攝食油脂及卡洛里的村上，用梅干取替鮪魚肚做成手卷壽司。

耽美文學大師谷崎潤一郎，曾與泉鏡花約在神戶蓬萊橋吃飯，泉鏡花後來在他散文裡說：「谷崎桑，點了炸牡蠣吃兩盤，又叫了全套的牡蠣鍋，我看了肚子都痛起來了。」泉鏡花患有精神性的腸胃炎，平時吃東西之前都要先消毒碗盤及筷子。如此過度潔癖的泉鏡花，當然無法與谷崎同席吃下那牡蠣鍋。患有精神性腸胃炎的日本人不少，有些精神科醫師會建議病人常服用「梅醋」，既有實質的消毒作用也有健胃整腸的功能。自古以來，梅醋即被日本當做消毒藥水使用，當人在感受到強不可當的壓力時，來個酸醋做的鹽梅湯有舒緩壓力的功效。

梅干與梅子醋

酸甜馨香、整腸健胃

材料

梅兩公斤／粗鹽二〇〇公克（釀梅干用）／酒二大杯／紅紫蘇三〇〇公克／鹽兩大匙（漬紫蘇用）

做法

・把梅子放在水裡浸泡四到五小時，選出不好有黑點的梅子丟棄，並讓梅子的締心與梅子分離。

・梅子的締心有澀味，要一顆顆用牙籤把締心剔除。

・用紗布沾酒精把醬缸四周消毒後，再用一把粗鹽撒在底部，放入第一層的梅子。接著以一把鹽一層梅子的方式，小心鋪上所有的梅子。

・把梅子全部放入後，倒入兩大杯的原酒。接著把最後的鹽撒在上面。
・以適合的木或鐵質的平面蓋片蓋上後，用約四公斤重的重石壓上。
・翌日起，每天一次移開重石及平面蓋，用雙手抱住醬缸用力彈動醬缸，讓梅子與鹽分充分混拌，約過四到五天後，發酵的梅醋升高到重石的高度時，並把重石減少為兩公斤。
・把紅紫蘇的葉子從莖上摘取下來，用水沖洗掉泥砂並泡浸一下，接著從水裡取出紅紫蘇葉瀝掉水分，放入大桶子裡撒上一大匙的鹽，用雙手由上而下輕輕壓擠葉子，等葉子變軟了後開始用力像揉毛巾一樣，一面揉搓一面把紫蘇的黑汁擰出來。
・把擰掉黑汁的紫蘇葉放回洗淨的大桶裡，以剩下的鹽撒在去掉澀汁的紫蘇葉，用單手輕輕地壓揉四到五分鐘後，紫蘇葉即開始流出紫紅色的汁水。用雙手擰乾紫蘇葉所有的汁水放在乾淨的平面上。

・把擰乾的紫蘇葉全部放入梅子醋缸裡，用長筷子慢慢的撥散紫蘇讓它浸入梅子醋當中。過了一陣子，等醬缸裡的梅醋變紅色時，換個消毒過的玻璃盤子做壓底（為了方便察看顏色以及是否發霉），用兩公斤的重石壓上後，醬缸蓋上蓋子放到陰涼地方。

・利用七月中旬盛暑的豔陽天，一顆顆撈出梅子及紫蘇，放置在豔陽下連續曝曬三天即成。把曬乾的梅子用另外的瓶子裝起來保存，梅醋則可調製各種夏天的魚肉料理之用。曬得乾酥的紫蘇磨成細粉即成為「緣」，是壽司飯的配料。

一年只能釀得一次的梅醋極珍貴

第四章
精神品味

I 風之味

在各種味覺中，我對隨風而來的味覺特別有感覺，那是一種看不見的精神人格，也是由鼻腔直通心肺到達心靈的餘韻。某種角度而言，風的味覺不一定是食材，它可能僅是松針樹葉，也可能燒外灶炊煙飄來的氣味。風味，有時其實只是其人的幻覺，猶如在夢中與某種已故的靈魂溫存。因為已故，所以風之味是一種極為難得的記憶，是那種難以再續前緣的味覺。為了風之味，我們選擇了以北風聞名的那須，在寒風滾滾的原始森林裡聽風之歌，也釀造各種遺失多年的風味。

另外，煙是讓食物增加風味的最大功臣，煙含有碳酮（carbonyl）等有機化合物，這些成分在煙燻過程中如何變化成食材的風味，至今仍然還是一個謎。煙燻處理過的魚肉，抑制了細菌對食物的腐食，因為煙中所含有的石炭酸（phenol）化合物有殺菌的效果。除了煙的殺菌效果，煙燻過程中同時達成乾燥效果，而乾燥也是延長食物保存的一個原因。不過，凡做過燻腸或燻肉的人都知道，重點其實不僅僅是煙的效果，好吃的臘味一定要吹北風！

因為搬到那須體驗了真正的寒風，才懂了電影《巧克力》旁白中不斷重覆說的「智慧的北風」，北風的智慧除了勾起過往的記憶，喚起潛藏在體內想流浪的本能之外，北風的智慧還讓食物在簷下迎風吹襲成乾、變冰。連續讓北風吹襲的魚肉類，因此變得智慧又有精神，食物因此足以持續保鮮超過數年。近代貿易據說是從人發明煙燻，知道如何保存火腿的方法才得以開始，在煙燻之前魚肉只接受北風之孕

秋冬最適合自製發酵

育、熟成、風乾就能長期保存，所以聰明的北風才是國際貿易的精神所在呢。

重視健康的人都知道，魚類含有預防成人病的不飽和脂肪酸，然而魚所含的不飽和脂肪酸有容易酸化的缺點，過度食用容易酸化的不飽和脂肪酸，反而有促進人老化的危機。此時，若讓魚肉經過煙燻抑制酸化脂肪增加，自然有預防成人病的功效。煙燻後的魚、肉，會出現琥珀色或褐黑色煙燻妝，那是因為炭酮化合物使然，這是食材的蛋白質與窒素化合物游離出來的基酸群，這些食物的「煙燻裝」即是抗酸化及預防成人病的功臣。

煙燻的歷史久遠，最早可以推到人類發現火，開始住進山洞生火取暖煮食的太古時代。二千五百年前，古埃及人就已經知道利用鹽漬、風乾食物後，再採取煙燻法拉長食材的保存期限。埃及人曾把尼羅河畔的鰻魚、鯉魚、鱸魚等利用煙燻保存起來。古代的羅馬帝國史中，也有凱爾特人做的燻火腿運送到羅馬販售的記載。

自古以來，凡燻製的食品一定要調加香料，因為混漬於魚肉的香料擁有脫臭、賦香及增辣等效果。煙燻這種含有戶外打野食印象的料理中，雖然感覺是粗獷大剌剌的男人料理，但其實很實講煙皮選材細膩的一面。香料的使用當然最好

是混合多種香料，這樣才能讓煙燻食材散發出深厚多彩的味覺，但什麼香料配什麼香料一定要選得準，否則燻製出來的東西會出現意想不到的「怪味」。事實上，香料也可以直接放入鍋底，當做煙燻放煙用的「煙皮」。可惜，一般超市陳列的香料，多是經過處理的瓶裝粉末狀香料，基本上只能做為食材所用的調味，很難做為鍋底放煙用的香料。

煙燻食物非常重視用鹽、香料及酒的醃泡醬漬的前置過程，醃漬的過程其實就是讓食材經過簡單的發酵，煙燻醃漬法又分成

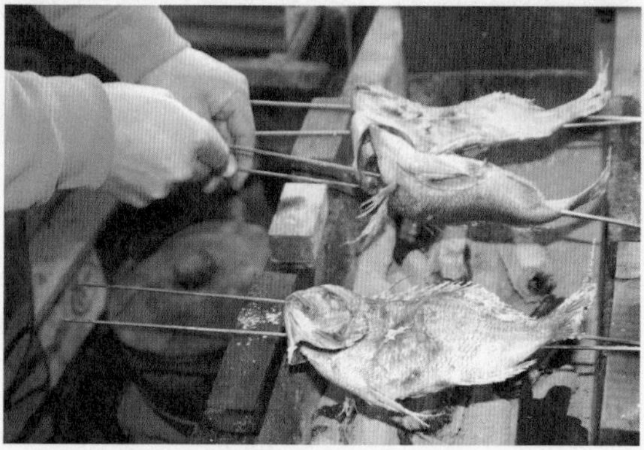

煙燻完成的鱒魚

碳火燒烤其實也是算煙燻

乾鹽法及濕鹽法，乾鹽法就是直接把鹽、調味料擦漬在食材上，由於鹽分的脫水功效，乾鹽法比濕鹽法更利於保存。濕鹽法是把鹽及香料調入酒中醬漬一夜或數小時，由於酒精的沖淡效果讓鹽分減低、口感清淡，相較之下保存期間也因此縮短。煙燻所需的醬汁可以依個人喜好事先調製，以一公升的酒調配一五〇公克的鹽（一五％）、砂糖七十公克的比例，調入自己喜歡的香料譬如像肉桂、荳蔻、丁香、月桂等香料浸泡。

若為了去腥，也有人加入大蒜末、洋葱泥，還有人調入檸檬汁、橘子汁讓煙燻散發出水果的香味。總之，煙燻的醬汁，除了鹽及糖之外，真的可以依個人口味做自由的組合及變化。一般日本人燻魚時多選用楢木、山毛櫸做放煙用的煙皮，燻肉時則最喜歡用櫻樹做煙皮。最近幾年，搬來那須森林山莊後的，因為聰明的北風特強效果，其實任何的魚肉類甚至起司，只要趁寒風之際把醃過的魚肉掛在簷下兩三天，然後用烤箱或中華鍋烤一下也特別好吃。

煙燻香腸

散發香料和樹木的成熟風味

材料

豬腿肉八〇〇公克／豬背肥豬肉二〇〇公克／鹽一大匙／砂糖兩大匙／醬油兩大匙／高粱酒三大匙／五香粉適量／豬腸一〇〇公分／花椒、八角、肉桂少許

做法

・用刀把豬肉切成約半公分的小方塊，並把肥豬肉切細放入五香粉、鹽、高粱酒一起混拌，直到所有材料出現粘糊狀為止。

・把市售的豬腸泡軟、去明礬、擰乾後，再調以少許高粱酒浸泡一下。

・拿個適合的鐵漏斗，把豬腸套入漏斗後用綿質風箏繩綁緊，

用手把煙腸用的豬肉一點一點放入漏斗內，並用指尖推擠進入豬腸內，如此反覆直到豬肉全部灌進腸子裡為止。

• 把豬肉掛在屋簷下風乾一週至十天，豬腸變得乾扁後即可用中華鍋做煙燻。

• 中華鍋底層鋪上花椒、八角、肉桂、粗砂糖，以中火（約六〇到七〇度）煙燻兩小時即可。

把香料調味料及豬排肉放在膠袋內

煙燻中的培根

煙燻完成的培根

II 香來魅

「香」帶給人的口腹刺激，往往是壓仰不住的嘴饞，即令是剛吃飽的狀態，衝鼻的美味依然能讓人食指大動。餐飲業競爭的今天，為了吸引更多饕客上門，鰻魚蒲燒的店老闆即令沒有客人，也故意用炭火燒烤醬料引誘路過客入店；列車月台上的平價蕎麥屋，隨著上下車的人潮湧入，刻意加大火力燒滾柴魚高湯，好讓下車等車的行人忍不住推門而入。此外，麵包店於下班下課時段，肆意放任關不住的奶油香外散；帶著誘惑的香草味，挑逗的招攬即令聖人君子都難以回絕。

歐洲的各大名廚的調香，基本上以豆蔻、肉桂、胡椒等為主；中華料理則以花椒、八角、丁香、桂皮、沙姜等「五香」做為菜香。至於日本料理中的「香」，則講究禪門專有的第六味——從淡味出發的清香。日本禪家的「養生三寶」，指的是蘿蔔、白菜及豆腐這三種食材，它們的共同特色就是「淡」，佛門稱清淡飲食為「素」，所以一般人稱寺院齋飯為「素食」。相反的，日本人稱素食為「精進料理」，意即修行僧平日吃的清茶淡飯。即令茹素者講究淡口味，但要把淡而無味的食材變得可口，「香」的包裝幾乎是不二法門。

不要說日本人嗜香，西洋人尋香而進的熱情，也可從馬可波羅的《旅行記》、哥倫布發現新大陸等記錄窺見一斑。歐洲人尋香前進的海洋冒險，從葡萄牙人獨占「香路」的貿易競爭開始，隨後西班牙、英國及荷蘭人加入爭奪戰，最後演變成歷史性的殖民地。歐洲人嗜香尋香的爭戰，令亞洲人從此捲入數百年殖民戰爭的漩渦。歐美人嗜香的飲食記憶，在殖民地戰爭後轉變成粗俗的炸雞、熱狗等帶著油爆味的香；如今品味

到日本料理食材中的清香，多半能感受猶如置身深山幽谷的感動。

據說是住在奈何橋邊，專為人調製「忘情湯」的孟婆，忘了放的第六味，便是「香」。因此，香味足以讓人起死回生，從魂游的世界返轉回來。那種「香」，可以是吉本芭娜娜的《廚房》的山菜香，也可能是林美芙子的作品《饅魚》的蒲燒香，更可能是石川啄木的詩論《食可詩》的醬菜香。日本人相信，魂游生死之境的人，讓他們「覺醒」並能由奈何橋回頭走的正是孟婆忘了放的「香」呢。

日本料理中最令西洋人驚豔的香氣，除了葉菜及黃綠根菜之外，日本特有的「山菜」也占有重要地位。日本一年四季都有不同的山菜出產。春天有蕗、初夏的獨活（ウド）、錢卷（ぜんまい）、秋天的松茸、栗子、蘿蔔葉等等，都是大和民族最獨特的「藥味」。這種由山菜表現出來的「香」，正是京都料理的重點，京都人嗜食時鮮重食材本身香味的偏好，讓山菜及「香物」等的佐品成為京都菜的特色。「香物」即是發源於京都的「漬物」（泡菜），把時鮮蔬菜泡漬發酵保存起來，當做佐飯下酒的和式泡菜都稱為「香物」。

有「和式香草」之稱的紫蘇，正是日本料理中的靈魂人物，不僅生魚片需要它來調味增色，連拌壽司、炒素麵等主食料理，也需要紫蘇做為配料。一般在日

本，青紫蘇比較普遍，但像醬梅干必備的紅紫蘇，其實才是紫蘇的元祖。日本食用紫蘇的習慣來自中國，而最先是為了醬梅干由紅紫蘇開始引進。紫蘇含有葉紅素、鈣、鐵質等礦物質，是常食生冷料理的日本人，最喜歡食用的一種辛香「藥味」。在日本料理中，紫蘇通常是生食，為了吃生紫蘇，每個家庭的庭園及窗台都會種幾株紫蘇備用。

紫蘇的藥效很多，它本身具有抗炎、防腐的作用，紫蘇所含有的香油成分，有抑制桿菌繁殖的抗菌功能。除了跟金針花一樣擁有安神作用，還可以去痰、鎮咳、利尿、健胃整腸等。紫蘇還可以煎製成紫蘇茶、泡製紫蘇酒等等。紫蘇還有一種容易保存的方法，那就是把它們都摘下來洗淨、晾乾，去除了粗莖之後，曝曬至乾，以微波爐加熱一分鐘。把已經變成乾酥的紫蘇從微波爐取出，待涼後，用手把它們揉成細碎粉狀。變成細碎乾燥狀的紫蘇裝入小瓶，吃義大利麵、喝味噌湯時，都可以拿出來增色加味。

此外，日本人對乳酪製品的「香」有一種近乎宗教的感情。聖經中的出埃及記、申命記皆提到，摩西要把以色列人從埃及救出來，宣示要帶領他們到一片廣大的土地，是個猶如樂園「流著乳蜜的大地」。不僅聖經裡把畜牧民族的乳飲當做樂園美夢，其實佛教思想的源頭釋迦摩尼佛的悟道，也跟乳飲有著密切的關係。釋迦在菩提樹下苦修禪坐六年，某日起身沐浴並喝了信眾供奉的乳粥後，瞬間精神煥發頭腦清明，數日後於黎明時分仰望滿天星空時，突然有一顆明星在他眼前劃空而過，釋迦頓時「睹明星而頓悟」在晨曦微明的夜空見真理。

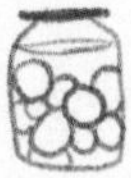

田舍起司

時間凝結而成的天然乳香

材料

冷除菌未調味過的新鮮牛奶二公升／醋三大匙／鹽少許

做法

・把牛奶倒入鍋內加溫到滾開，像是快要冒泡時立刻熄火。

・把醋調入牛奶後靜置，過半小時讓牛奶開始分解出現透明湯汁（乳清）。

・在網狀漏斗內舖好紗布，並將已分離變成水與粉狀起司的牛奶全部倒入。

・等水瀝乾後接起紗布輕輕擰一下，調入少許鹽巴以保鮮膜保存入冰箱。

鹽一定在最後步驟才放，否則無法凝結。同樣的原理，運用在羊奶上也能製成羊乳起司。

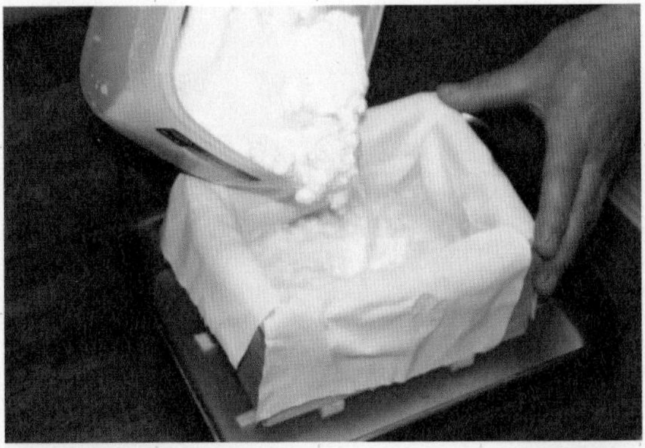

Ⅲ 淡定禪

過去在台灣時，我也曾對禪宗發生興趣，但僅止於生活上的禪心禪境，頂多只能算是半知半解的「野孤禪」。直到來日本，隨無蝶過著長年勞改的流放生活，從身體勞動中才發現了中國的儒釋道三合一的生活思想，原來被日本人如實地保留了下來。因為打從心裡承認老祖宗的生活哲學，我方才從潛意識裡最深層處的味覺找到自己。

從某個角度看，禪宗也是一種自虐修行，這恰與「人生不走容易路」的無蝶不謀而合。無蝶認為，人必須要透過心靈的苦、肉體之痛，才能達到「心身合一」的人生最高境界。就筆者的發酵有機原理看來，達到「身心合一」的人，即使得了癌症也可以透過意志力，以自然療法把癌細胞清除掉。

透過「動手做」的體力勞動，能讓自己與自然共鳴、互動，從而得到精神機能的統一，達到禪宗所說「解脫」的境界。某種角度來看，「禪定」也就是莊子

說的「與天地精神相往來」這句話。然而，佛教講的定，或入定，其實一定還要有慧，是先慧還是先定，可能禪門之人就可以討論個三天三夜，沒完沒了。但禪佛說的智慧指的正是身體。

無蝶相信，當人的肉體充分與精神合一時，創作力及生命力即泉湧而生。無蝶過著猶如禪僧的生活，但他所要強調的並不是佛法或宗教，而是讓人恢復精神自由的生活樣式。從生活洗掃勞動而得來的「定」或「觀」，其實是從人接觸地面的立足點開始，然後直到胃或丹田，然後所謂的氣才往心及頭部上升。因為生活上的修行，這種透過四肢勞動及飲食療法而來的「定」，其實是把食材當做與「天地精神相往來」的儀式，也算是人用全細胞勞動獻給佛祖的禱告。

活在充滿戰亂、糾紛及自然災害的當下，人幾乎一天廿四小時都曝露在不安的情緒下。加上過度飽食、運動及勞動不足帶來的精神緊張，很容易發生心肌梗塞及血管的疾病。此外，用腦過度長期失去與自己對話的機會，這樣子的人隨時可能出現憂鬱症、燥鬱症等身心症狀。最近日本的精神科醫學已經證實了，修禪配合規律的生活飲食，可以恢復人的「平常心」。

平日只要感覺心中有一股氣要發，我立刻會開始「虐待」自己的肉體。譬如，在豔陽下跟在無蝶後面，做長達五公里的長距離慢跑；身著一身農婦的裝備，拿著柴刀在竹林伐竹兼挖筍，都是我的生活禪。春日在石縫中求生存的小草花；中秋月圓映映石板的月光光；深冬清晨龍鬚草上的白色降霜；只要用心注意過日子，生活中的每一個角落或瞬間，都能讓人得到禪悟。佛門常道「修禪是為了能了生死」，所有的日常飲食修行都是為了臨終前的那一刻。換句話說，每一種生活禪其實就是為了生死之際能保持「淡定」。

台灣的禪寺常為俗人開放打禪七的課程，日本的禪寺也常為凡人供養攝心（或接心）的菜飯。所謂攝心的用膳，就是用禪僧用的白粥，配上胡麻鹽當做佐菜，有的則是澤庵漬數片。重點是那粥都用一種特殊的苦菜，令俗家凡人一口吃下去，都只能「苦口難言」。有此可見，日本禪門的攝心，其實也是向俗人預告著觀心之苦，沒練過沒修過的人，最好適可而止。淡定之外，不要忘了止觀的超脫之法。

日本的米稻文化來自中國，其人於生死之間對白米的眷戀，顯然隨著佛教傳入而更加顯著。無論米飯、豆腐、蘿蔔、白菜等，凡白色清淡者皆稱之為素，禪門修行以素食為主要食材，這可能是相信白色的食材可以讓人淡定。日文的「素人」，最近也常被台灣直白地使用，素人語源可能是指佛門吃全素，心白如紙的意思。但如今日文的素人，指的是門外漢不懂門道的人。筆者對禪宗很有興趣，但其實只能算個素人，不過一直相信「平常心即是道」這句話；而最接近平常心的，除了豆腐，還是豆腐。

日文裡有一個形容陷入長考的用語「腐心」，最近日本的報導上常出現「政府陷入腐心」、「首相官邸周邊腐心」。漢字這個「腐」實在太妙了，人的「豆腐心」指的是柔軟融通之心，其心不臭也不腐才能稱為豆腐心。「腐」充其量是指「發酵」的時間及過程，但豆腐其實並不腐也沒有發酵，為什麼叫做豆腐呢？這可能與從打豆漿、煮豆漿到用海水或滷水釀豆腐，整個勞動時間相當長有關。

如果學會做豆漿，其實離做手工豆腐已不遠。將兩杯（量米杯）分量的大豆泡軟、打成泥汁、煮沸、過濾後的豆漿，趁它還保持溫熱的狀態（約八十度，如果涼了再度加溫至八十度左右）備用。住在海邊的讀者們用海水即可調製豆腐。

手釀豆腐

從打漿、熬煮到凝結，生活即禪修

材料

市售豆漿一公升／滷水少許

做法

・把市售高濃縮豆漿倒入鍋中，用慢火一面攪動一面煮到約七十至七十五度左右。

・此時，拿出玻璃杯放入一大匙滷水與四大匙的水，把玻璃杯裡的滷水攪勻。拿出盛飯用的平板木匙備用。趁豆漿還熱的狀態，把攪拌過的滷水，沿著飯匙的平面繞著鍋緣慢慢倒入。

・隨後即用飯匙從鍋底安靜地翻動一下，慢慢輕輕地翻動正要凝結的豆漿，接著立刻把鍋蓋蓋好等十五分鐘。時間到了，打開鍋蓋，這時豆漿變成半凝固的狀態。準備一塊紗布放在網狀漏斗上，下面盛著同樣圓型的容器。

- 先用盛湯的鐵瓢一瓢瓢地把半凝固的豆漿放入紗布漏斗上，等所有的豆漿都放入後順手把紗布折入漏斗裡面的豆腐胚上。把豆腐胚涼置十五分鐘，讓多餘的水分都流出來後，倒掉那些含有滷水的水分後，漏斗上的豆汁即慢慢凝結成豆腐。
- 如果，不喜歡圓形的豆腐，趁著豆腐胚還溫熱時，連紗布一起放入方形的盒子。順手放一些冷水在豆腐胚的盒子內，接著把豆腐胚連方盒子一起放入冰箱，連續換水數次後，倒出豆腐胚拿掉紗布，即變成一塊自家製手工豆腐。

♥ 若是自己做的豆漿，記得一定要做得濃度高些，才易於豆漿的凝結。

Ⅳ 得善果

日本人獨門獨院的房子，為了討吉利無論大小一定會栽種幾棵果樹，最常見的就是甘橘類的果樹，從有香氣的柚子、金桔、夏蜜柑、柿子都有。嗜食甘味的日本人，在製糖還不發達的年代裡，水果的糖分向來是他們重要的「甜點」。

奈良時代淳仁天皇治世時，曾下令在皇宮前後的道路上栽種柑橘、棗、梨、柿、栗子等「五果」。皇宮附近栽種果樹，除了含有「結實纍纍」的好風水之外，其實還有攝取果類所帶來的甘糖之意。據說，當時的皇室華族，想吃甘味時多是把澀柿子削皮曬乾變成柿干後，再用研磨器將柿干研磨成猶如砂糖般細粉狀，然後沾著糯米麻糬當點心品嘗。

到了平安時代，使用精製糖的「和菓子」已經出現，我們現在吃的糖已進入日本富豪階層的生活。然而，當時的庶民百姓仍然只能攝取果糖取代對甘味的需求。鎌倉時代，日本人一天吃三餐的飲食習慣確立，菜色及料理花樣因此大增，特別是晚餐後以水果為甜點的習慣普及，水果的需求量因此大增。其中，被稱為「勝果」的栗子甘露煮，成為武士階級的嗜好品。接著草莓，銀杏、李子、柚子及唐桃（脆桃）都登場了。

到了室町時代，因為民間需求的推波助瀾，日本各地出現各種栽種水果的名產地，例如，甲州以栽種葡萄聞名，紀州成為柑橘的名產地，丹波則為皇衛軍種植御用栗子而聞名。其中，「紀州梅」至今仍是日本高級梅的代名詞。直到明治時期才傳進日本的水果，除了來自台灣的香蕉以外，還有從美國引進日本試種成功的蘋

風乾中的柚餅子

果。當時，黑田清隆在北海道試種蘋果時，原本是為了替失業的士族找個生計，沒想到蘋果從此成了日本東北最代表性的水果。從歷史來看，日本的水果其實多半由國外引進，真正日本原產的水果其實只有栗子、梨及柿子。

嗜食果類的日本人，特別喜歡甜分高的水果，這從他們對「糖心蘋果」的開發，以及溫室栽培甜度超高的蜜柑，一直到晚近年輕人把香蕉當早餐吃的習慣，其實都是對於水果糖度的偏好。日本人年消費量最高的水果是香蕉，最近更因為有人提倡香蕉減肥法流行，讓日本的香蕉年消費量突破了一百萬噸。喜甜味水果的日本人，對於台灣香蕉帶有一種莫明的鄉愁，據說當年日本人研製「香蕉果醬」不成，最後只好把台灣香蕉做成香蕉乾，好讓台灣香蕉的日本粉絲於冬日也能解饞。

此外，對多數出生在台灣的日本人「灣生」而言，他們總覺得最能代表台灣滋味的是酸酸甜甜的芒果！因為生在台灣、在台灣上小學及中學的日本人，他們童年校庭的生活裡，總免不了爬芒果樹、偷摘青芒果的記憶。不少戰後回到日本的「灣生」，後來帶著妻小再度回訪台灣時，走遍出生地的鄉野，只求一見當年爬過的芒果樹。也有灣生說，他只要一聞到土芒果的味道，就開始流眼淚。

凡是吃過果醬的人都知道，果醬裡的果汁多呈凍狀，吃起來跟果凍的口感很像。也許有人因此認為，做果醬時需準備洋菜、太白粉或玉米粉。其實不然，果醬之所以會出現結凍狀，那是因為水果中的食物纖維，加熱後與糖、果酸結合後變成果膠。因為需要果酸才能凝膠，所以凡是做果醬用的果實，一定要選擇具有酸、甜平衡的水果為食材。理由就是因為，要讓它們在加熱過程中，果汁與果皮的食物纖維、果酸及糖的結合作用自然凝成果凍。

果膠的含量依果類成分不同，加上水果本身的酸度也依時令不同，酸度不夠的水果即使含有食物纖維也很難果凍化。至於，甜度的調配則可以加入砂糖調配。因此像高糖無酸的香蕉做不出好果醬，但像檸檬、柳橙、酸蘋果、柚子等酸度高的水果，反而是調製果醬的好材料。特別是柑橘類水果，它們的果皮本身就還有果膠，因此幾乎任何的柑橘類，都不用太擔心砂糖的比例，皆可簡單地調製成橘子醬。

日本的夏蜜柑，是最佳的果醬材料，因為外皮含有很多果膠，幾乎一與砂糖結合就開始結凍成膠狀。由於簡單易做，所以橘子醬（マーマレード）也算是日本人熟悉的媽媽味。一九七〇年代，在蘇格蘭誕生的橘子醬，其後傳到日本立刻

永平寺為俗人獻立的甜點「得善果」

無花果甘露煮令香甜好滋味

受到日本人的喜愛，後來配合日本夏蜜柑的酸甜微澀口感，現在已定著為日本人的經典媽媽味。

蜜柑做的橘子醬，橘皮所散發出清爽醒腦的香味，吃來還帶點微苦的後勁，是早晨吃吐司時的絕配。多數的男人第一次吃到橘子醬，總是會當場就愛上這種甜中帶點苦的果醬。無蝶第一次吃橘子醬，是在東京都內某高級飯店內與恩師喝茶，當時那位老師為他點了吐司加橘子醬，簡單的吐司突顯了橘子醬爽人的香氣，從此無蝶變成了橘子醬的超級粉絲。

弘法大師「空海」，留有一生死名言：「生まれ生まれ生まれ生まれて生の始めに暗く、死に死に死に死んで死の終わりに冥（くら）し」翻成中文即是謂：「生了又生，生之始為混暗，死了又死，死之終結為幽冥。」這句話有很多人下過註解，簡單地說就是「生死輪迴好幾遍，生死這件事依然在暗冥處，不能為我們所認知的一件事」。筆者認為，生與死也許不能純然以人的意識加以理解或控制，但生與死能透過潛意識不斷地被透視。這種向內透視的觀照過程，即能讓我們今生得到善果。

橘子醬

酸甘香，經典日本媽媽味

材料

夏蜜柑一公斤／砂糖一公斤

作法

・把夏蜜柑洗淨後，連著皮切成六等分。用刀子去掉含有苦澀味的橘皮內側白囊，接著分別切細橘子皮並取出橘肉。

・用洗米水把切細的橘皮燙煮過一次，讓橘皮的顏色保持光鮮，同時也去掉橘皮的苦味。

・把橘子果肉及燙煮過橘皮放入鍋中，然後加糖後用慢火一面攪拌糖煮，經過三十到四十分鐘果肉開始「結凍」成膏狀即完成。

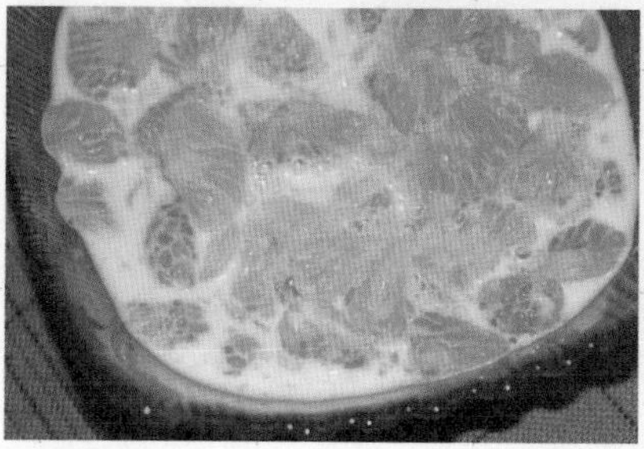

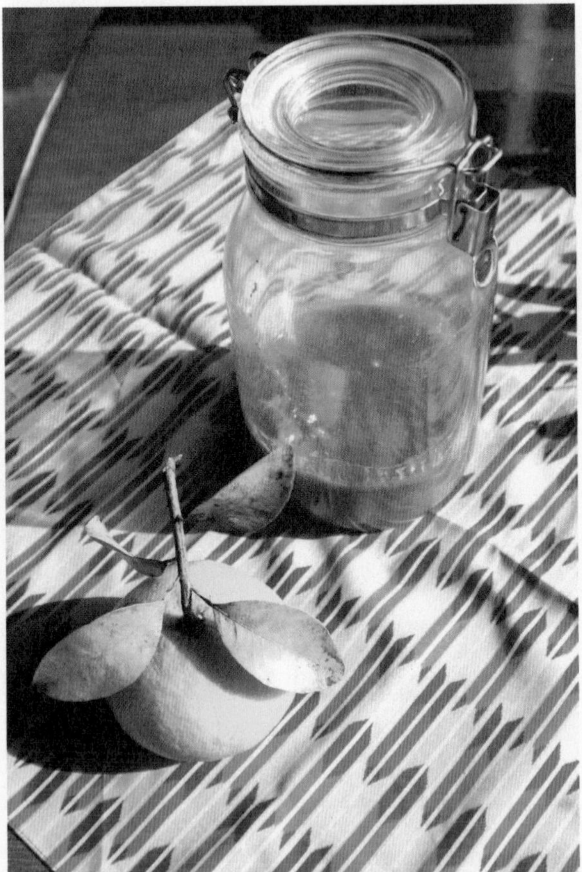

第五章

鹽糖洗禮

I 生命鹽

日本東洋醫學博士渡邊武曾指出，過度使用精製鹽的現代人，因為喪失攝取天然礦物質的機會，導致鈣、鎂的欠缺。已抽離多數礦物質的精製鹽，這不但讓食物吃起來滋味淡薄，還會引起肝膽機能減弱、高血壓等症狀。又例如容易疲勞、失眠、手腳冰冷、鼻炎、皮膚炎、花粉症、過敏等難治的現代病也是缺少鈣鎂礦物質引起的。渡邊認為，這與七〇年代以後，人們開始大量生產及食用「精製鹽」有關。渡邊指出，因為鹽含有人體所需稀有礦物質，鎂除了從鹽攝取之外，幾乎不可能從其他食物取得。

和風的醬泡菜除了很重視刀工的形狀、顏色，同時也很注重粗鹽的選用。日本人醬漬用的鹽，多半指定要買鎂成分高的天然粗鹽。另外，想釀出好吃的和風泡菜，還要記住幾個重要的要領。第一，壓在泡菜上的重石一定事先要洗乾淨，然後用酒或酒精消毒後才使用。重石的重量原則上以蔬菜的兩倍重為原則，當蔬菜、梅子或蘿蔔的醬湯汁出現後，重石必須記得趕快減輕為一半。此外，已經開始發酵的醬菜，要立刻移到沒有陽光直射，通風涼好的陰涼室內存放。

基本上，凡是利用鹽及有機酸保存起來的蔬菜、魚鮮貝類，對日本人而言都

醬泡菜一定要使用粗鹽

大黃瓜漬鹽櫻

算是醬菜的一種。而混合魚鮮及蔬菜同時發酵而成的醬菜，包括韓國人每天必吃的韓國泡菜。韓國泡菜傳入日本後，已發展成適合日本人口味的特殊風味，特別是調入鱿魚、小蝦魚醬的韓國泡菜，更是無蝶夫人最喜歡的「無國籍泡菜」。那種複雜又帶著酸甜適中的和式韓國泡菜，第一次吃在流浪異國的台灣人口裡時，總有一種說不上來的鄉愁湧上心頭。

用鹽發酵曬乾的鹽昆布，也算是和式醬泡菜的一種。雖然名為「鹽昆布」，但鹽昆布其實加入了味醂、醬油、酒及砂糖等調味後風乾，加工切成易調理的絲狀或方塊。昆布不但含有人體必須的營養素，還是日本人保持長壽的祕密武器。關西一帶的土產「鹽昆布」，本來是直接放在白飯上吃的下飯菜，京都人後來把它做為菓子，配茶「改口」用的小小鹽味。如今已普遍為一般家庭妙用多多的「調味料」。

地球上的生物除了動物及植物之外，還有我們肉眼看不見的微生物存在，微生物除了存在於海水、淡水、土壤及空氣中，同時也棲息在我們的身體內。從皮膚到口腔及腸管，都有無數的微生物與我們人體共生著。特別是我們的腸管內有著無數的微生物生活著，它們會為我們製造酵素及維他命，同時還能為我們分解不易消化的食物，甚至幫我們分解掉毒素成分。微生物猶如人體消化器管的「下游工業」，微生物是人體保健的最佳好幫手，基於這個原則平日多食用與鹽分發酵的食品，像味噌、醬油、漬物、梅干、甜酒等，有助於胃腸內環境的自然循環，調整成更適合與微生物共生的環境。

聖經裡的耶穌經常提到鹽，當時的埃及、希臘人視鹽為帶給人「生命」的貴重物質，因此把鹽與太陽同列為「神聖」之物加以供養。英語的 Salt（鹽）與法語的 Soleil（太陽）同一語源，由此可見，鹽在西洋文化裡被珍視的貴重性。日本人同樣珍視鹽的調味，譬如日文中有「米鹽之資」的說法，意指生活中不可或缺的生活物資。意指，無論如何困頓的民眾，只要供給米及鹽兩項重要物資，即能維持著健康生命之意。鹽是人類最早的調味料，從舊石器時代開始，人類懂得使用火烤煮食物時，鹽就已經成為人類飲食良伴。在工業化之前，全世界還有很多少數民族，習以鹽當做「貨幣」與外界做貨品交換使用。

歷史小說家司馬遼太郎的代表作《項羽與劉邦》中，提到雙方用兵作戰時軍廚下鹽特重，做出鹽分高的軍食供兵將食用，此時軍將因為鹽分高的攝取作用，衝鋒陷陣往勇直前。相反的，休兵不戰時，軍廚即收下鹽罐，做出無鹽的菜飯給

醬漬梅干

兵將食用。譬如，屯駐在占領區時，軍糧只有無鹽的飯菜時，軍將因為失鹽之故，不會隨興追逐占領國的婦孺，乖乖地早早入營就寢。這是因為鈉的作用，當人體內鈉成分不足時，容易疲勞、意興闌珊，嚴重時會無力暈癱。

和風的生菜沙拉叫做「淺漬」，那即是把小黃瓜、茄子或高麗菜、蘿蔔等等，以一杯水三大匙鹽來泡漬，撈出蔬菜後，濾過水分或擠乾水分來調和醬汁的吃法。此外，把削了皮的小芋頭、山藥等放入鹽水內泡洗後，身上的滑膩即自然地消失了。還有，燙青菜時在滾開的熱水裡加點鹽，自然可以燙出色澤青綠的青菜。對了，吃蘋果時讓切開的蘋果泡點鹽水，也能防止蘋果酸化變黑。

炸魚、烤魚鮮時，在魚肉身上撒上少許的鹽，魚肉因為鹽的收水作用，烤出來的魚肉結實富彈性。炸青蚵或炒蚵仔時，在蚵仔身上撒點鹽巴後放個五分鐘，再用清水洗去鹽分，蚵仔身上的滑膩不見了不說，蚵肉因此更有彈性。要注意的是，料理魚鮮時撒鹽的技巧，最好是在要下鍋或上烤架前十五分鐘，早些在魚鮮身上抹撒鹽分，料理出來的魚肉才不會過鹹又硬。至於煎牛排時的上鹽，則因為肉類的甜分容易跟隨鹽分流失，下鍋煎之後才上鹽為佳。

魷魚鹽辛

大人風味的下酒菜

材料

生魚片用的魷魚兩尾／鹽六〇到七〇公克／米麴約五〇公克／酒五〇cc／辣椒粉少許

做法

・把酒加溫後泡入米麴中，讓米麴因此變軟發酵。

・魷魚用水洗淨後，去掉頭腳取出內臟。內臟中茶褐色的肝臟切開，用刀背輕輕切拍魷魚的肝臟後，把肝皮去掉留下肝汁放在乾淨碗裡備用。

・把所有材料及調味醬汁放入大鐵碗，最後倒入魷魚細絲拌勻，此時若倒一點高粱酒下去，不但吃起來味道更棒，保存的期限也因此延長。

・找個適當的消毒過的玻璃瓶，把魷魚鹽辛倒入瓶中發酵，放在冰箱冷藏一週左右，即成為下酒良伴的魷魚鹽辛。

與寶石無異的岩鹽

II 一滴油

醬油雖不是油，但卻被稱為醬油，那是因為從前的人視它由大豆釀造出來的油。而事實，現在超過八十歲的老一代，他們就是把醬油當做「油」使用的一代。老一輩的台灣人不說下廚炒菜，當有客人來時，他們說，他們說要煮菜去了。兩個時代人對油的使用方式，在「炒」與「煮」之間已可見端倪。從前，醬油是個很貴重的調味品，多數的家庭是在菜要起鍋之前，才在菜上撒上少許的醬油，其實這種未過度加熱的醬油調味，才能發揮醬油最高的調味功能。況且，老阿嬤的時代還沒有沙拉油，不要說煮菜煎魚用醬油，連炒飯也只用少許醬油來炒。

婆婆曾教我一個煮菜的技巧，那就是事先把醬油調入等量的沙拉油，製成「醬油油」放在調味瓶內，煮菜炒飯都很好用。事實上，不用事先調製醬油油，凡在炒熱的熱油內，調入醬油當調味基礎，接下來無論炒煮任何料理，食材都因此變得味濃又不油膩的好味道。與醬油最速配的油類中，又以麻油跟醬油最登對。戰後日本濟經尚未起飛前，絕大多數的日本人以醬油取代沙拉油，也就是用醬油調味炒菜、用它滷根菜或煮魚肉。而以醬油做為調理基礎的「煮物」（根菜、乾料類的滷菜），其實是日本人比亞洲其他國家長壽的原因之一。

在所有調味料中，醬油是屬於最國際化的一品，它原型是來自中國人的「醬」，後來傳到日本後經過醬油職人的手，加入種麴、大麥、魚醬及良質的水再度發酵，才變成今日屬於日本人獨有的醬油。日本國內的三大醬油廠，全部集中在千葉縣內，那是因為千葉縣過去盛產大豆、靠海

做醬油的大豆必需用蒸的

又利於出口，同時擁有海鹽及魚醬等地利環境，讓千葉的中北部自明治時期即為醬油的名產地。可惜，愈是商號大的醬油，其生產的醬油現在愈是採取新式快速合成的化學技術。現在真正純手工釀造的「本醬油」，反而只有位於東北高寒的小廠手釀才看得到的奢侈品。

從前，手釀醬油的醬油職人被視為人間國寶，而且門外不出的釀造祕訣也只傳給自己的子孫。在地方上開釀醬油成功的職人，不但可以躋身地方的土豪士紳，還可以趁機向天皇家獻奉醬油之際，得到天皇褒賞晉爵的機會。當時，使用銘品醬油也代表身分，例如前田中角榮首相很愛吃鰻魚丼飯，當年田中都交待祕書，鰻魚飯送到時還沒等它涼，要先在鰻魚飯上淋上滿滿的醬油，然後等鰻魚丼涼了時他就好會議結束，正好可以快快扒完那一盒鰻魚飯。

田中吃的醬油當然是「本醬油」，每天中午淋在鰻魚飯上的醬油，據說跟那一套鰻魚飯的價格相差無幾。無論吃什麼都加醬油的首相，其實不止田中角榮一個，還有一位小淵惠三前首相也是熱愛醬油的首相。據說，喜歡吃洋食的小淵前首相，連在吃牛排配紅酒時，都要人為他準備上等醬油。因為，他每吃一口牛排，都要沾著醬油才入口。其實，吃牛排沾醬油不是小淵的發明，因為歐美懂得吃的美食名流，他們在私人別墅開轟趴大啖小牛排時，一定都準備醬油做為醬料沾著吃呢！

日本人放在桌上調味的醬油非常精緻細小，倒醬油的口幾乎是一滴一滴的。一生與台灣籍男友苦戀的已故知名女作家向田邦子，在她的散文集《夜中の薔薇》中說：「料理的過程中，最令人緊張的就是調味的瞬間，撒一點鹽、一滴醬油的差別，就會決定是圓融的美味，或是難以救返令人困擾的一品。」為了免於難以救返的困擾，以避免浪費，其實多數的庶民階級喫醬油時是一滴一滴的。

由於生產技術的衍化進步，現在全世界的大超市都看得到醬油，歐美很多名廚也在他們的料理中加入醬油，醬油可能是全世界最國際化的調味料。醬油無論與和、洋、華料理都很登對，對不同國籍的料理都能表現驚人的融和力，以最佳「男配角」的身分把各國料理的口味強調出來。醬油能對食材增味的功能，就像EQ及IQ都很高的天才般，往往能化平凡食材為美味，因此醬油被不同國度的名廚形容為「魔術師」。

調入醬油的料理，味道不但變得更美味，醬油還有增進胃液分泌，幫助消化等功能。經過一年以上釀造完成的醬油，在光線底下呈現透明的微紅色澤，而

準備榨醬油

用重石壓榨出醬油

這也是壽司店用「紫」稱醬油的由來。歷經一年以上發酵的醬油，雖然含有超過二六％左右的鹽分，但因為大豆與小麥、魚醬等成分。熟成過程中產生各種平衡的成分，釀造完成的醬油吃起來除鹽分的鹹味外，還帶著醬油與小麥、大豆發酵產生的濃醇甘味。

日本人都知道，連傻子都會釀味噌，但要學會釀醬油則要擁有職人般的研究精神。醬油是難度最高的發酵調味料，因為它發酵時間一定要選在嚴寒的冬日，醬油用的水質也必須是良質的礦泉水或井水才行，在醬製過程的一年當中還必需小心翼翼地天天攪拌。建議初學者，最好是有釀造味噌的經驗後，再著手釀醬油比較容易一舉成功。

醬油

調味魔術師

材料

大豆六〇〇公克／小麥六〇〇公克／醬油用麴菌少許／鹽六二〇公克／水兩公升

做法

・事先把小麥用平底鍋或中華鍋，以小火炒到顏色變成茶黑色。為了利於發酵，把炒成咖啡色的小麥，用磨豆機磨成細粉狀。

・大豆洗淨泡水過一夜，翌日用蒸籠蒸（也可用煮的）到熟爛後，用攪碎器或磨盤把大豆磨成泥糊狀。

・蒸煮完成的大豆，趁熱調入炒過的小麥粉，讓全體放涼到約四十度時，把釀醬油的菌種直接撒在上面。趁熱平平舖在高約兩公分（超過兩公分時，中間容易變成納豆）的竹簍內，並以大毛巾包裹加以保溫發酵。

・把發酵中的竹簍連著大毛巾，放入加有電熱氣的小箱子內或放在室內吹電熱氣，醬油麴菌在三十到三十三度最容易發酵，因此最好在竹簍內放入溫度計，好觀察實際溫度的變化。

・經過二十四小時後，翌日打開大毛巾，此時醬油麴菌已經開始發芽，這時用雙手把麴菌全部再混拌一次，促使醬油菌更快地向外生長。

・經過四十八小時後，竹簍上長滿了醬油種菌，這時把這些釀醬油的原胚倒入玻璃瓶內，並調入事先準備好的冰涼鹽水。

・剛進入發酵期的頭三個月，每天一定要用大飯匙攪拌醬油一次，其後熱天每三天攪拌一次，秋冬則每週攪拌一次。

・發酵半年的醬油開始散發誘人的香味，經過一年的醬油則泛出透明的黑褐色，把醬油倒入紗布袋內過濾，然後以乾淨的重石壓擠搾出其中的醬油。剩下的醬油滓，是烤肉的最佳調味品，也可以滷肉或炒菜用，千萬不要浪費這些美味的醬油滓。

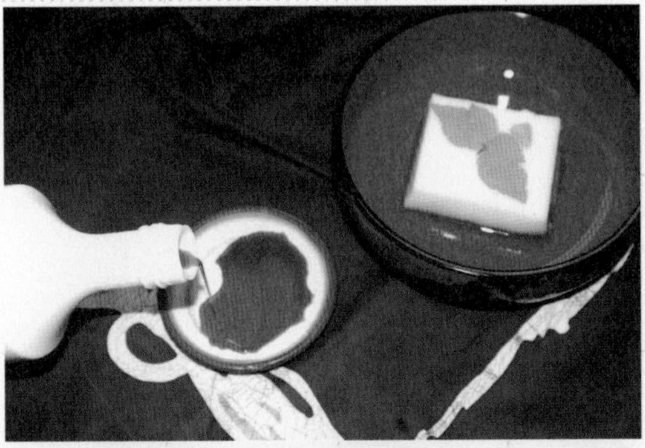

手釀本醬油極珍貴

由味噌取得的「溜醬油」

III 喜樂糖

東京大學的精神科醫師土居健郎，曾推出了舉世矚目的日本人精神論《「甘え」の構造》。書中所指的「甘え」指的是「甘味」或嗜糖的意思。土居用全書論證，日本人嗜食甘糖的習性，不但已成為日本人的民族特性，同時也是外國人理解日本社會的一把鑰匙。由於土居的啟發，無蝶夫人因此相信，深入研究日本人的嗜糖及調糖法，應該也是認識日本人社會及掌握日本人精神狀態的最佳捷徑。

「甘え」原意為嗜糖，在日文裡引申為各種撒嬌討喜的心理狀態。「甘え」不僅指小孩、女人的撒嬌，有時連男人跟老媽、老婆賣乖也可以用「甘え」來形容，甚至徒弟跟師父討喜裝可愛都算是「甘え」。小孩女人「撒嬌」很多國家都有獨特的形容詞，但全世界大約只有日文裡用甜來形容男人賣乖。「甘」這個字眼，甚至讓其他的國家的翻譯者，找不到能相對應的形容詞來作文章。

日本人家中有孩子出生，他們會吃紅白饅頭，孩子過「七五三」（七歲、五歲、三歲）節時，可討得千歲飴，結婚喜宴時會吃「引菓子」。過年吃的金團、羊羹，端午節吃的粽子、柏餅等等，都是加了糖的甜食。一般人總認為嗜甜是不健康的，但最近有研究長壽村飲食的料理研究家永山久夫，卻公開提倡每天吃紅豆餡的茶饅頭，配日本的綠茶或抹茶是他養生保長壽的祕訣。對無蝶夫人而言，這種獨特的甜食長生術，應該也算是日本料理研究家的「甘え」（賣乖）。

嗜糖的日本文化人極多，最有名要算森鷗外吃飯配甜饅頭的奇聞逸事了。鷗外的女兒森茉莉、小堀杏奴等人的回憶文中，經常談到父親鷗外的「饅頭茶漬飯」。熱愛甜食的鷗外，常把包著紅豆餡的甜饅頭，切成四、五小塊後放在飯上，當做茶泡飯的佐料沖泡綠茶下飯吃。另外，知名馬克思經濟學者河上肇，在他的《貧乏物語》等代表作中，曾經以和歌吟詠：「蒸個大饅頭吃個臉頰飽，喝茶時感覺時間也快到，人死之日能買個饅頭是最好。」

又譬如，夏目漱石代表作品《吾輩是貓》，故事描寫的兩位出身上流社會的姊妹，明知道糖很貴但為了意氣之爭，妳拿一瓢糖我就夾一塊糖，為了誰能奪得更多的糖互不相讓。家中的貓兒目睹這場糖的戰爭，已顧不得姊妹誰輸誰贏，率

先伸舌頭在餐桌上「沾沾自喜」起來。《吾輩是貓》發表於日本領台後的第十年，小說中出現的砂糖應該是來自台灣製糖株式會社的上等品。

殖民地時代的台灣，盛產的蔗糖都是為了外銷的經濟作物，所有種好的白甘蔗都以公定價格送到台糖，農民只能偶爾躲到甘蔗田內偷啃甘蔗吃。當時一般的台灣人，唯有過年做年糕，才能用現錢買個大包的砂糖回家做年糕吃，平常那有閒錢買屬於奢侈品的糖吃？包括同一時代的日本農民在內，當年鄉下人想做個甘露煮，想給孩子們吃點甜頭時，通常用大麥發芽煮糯米粥發酵，花個約一週的時間才熬釀出一點麥芽糖吃。相對於蔗糖及果糖都豐富的台灣人，日本人自古以來「甘え」的嗜糖體質，也就可想而知了。

除了和菓子的甘味，日本料理中也含有各式各樣的甘味，像味醂這種糯米甜酒的甘味外，用水飴配少許醬油煮小魚、煮栗子等的「甘露煮」，也是日本料理中特殊的甘味料理法。砂糖經過久煮，水分會自然減少，甜度也因此升高。食材經過高溫濃縮久煮後，即能仰制酵母及細菌的繁殖，食物因為裹著濃綢的糖衣，有防止食物酸化的效果，因此除了甘露煮外，譬如果醬、砂糖漬之類的料理法，其實都是日本阿嬤保存食物的智慧。

大家都知道攝取過量的糖分對身體不好，然而蔗糖其實從很早就在西藥中被採用，從藥物的糖衣包裝到提高糖尿病人血糖的注射劑，都是利用天然蔗糖製造而成的。此外，利用蔗糖中的八個水酸基化學合成的硫酸化蔗糖，有抑制胃酸、保護胃粘膜的作用，它已被認定有治療胃潰瘍、十二指腸潰瘍的效果。千葉大學醫藥研究所教授戶井田敏彥曾在研究報告指出，最近日本人的免疫性疾患尤其是過敏性皮膚炎，氣喘、花粉症等免疫系統的患者增加，這與人的生活環境及攝取過多合成甘味有直接的關係。

日本人稱麥牙糖為「水飴」，意指

它由發酵的糯米水熬煮成糖，水飴也是做和菓子、甘露煮及照燒必備的甘糖。特別是來自糯米的水飴，跟以糯米為主的和菓子，猶如天生的一對。加入了水飴的糯米因此變得飽滿有彈性，變得可以伸張自如又容易成形。和菓子在包餡之前，一定要先揉成有彈性「求肥」，這時一定要加入水飴才有可能辦得到。麥芽糖屬於雙糖，性溫味甘，入水融化即變成葡萄糖，即是醫學上的營養劑。依據中醫的說法，麥芽糖有養顏補氣、潤肺止咳。麥牙糖可治脾胃虛弱、氣短乏力。

手作麥芽糖

養顏補氣、潤肺止咳

材料

糯米一公斤／水三千cc／事先泡水發芽並曬乾、磨碎的大麥芽二五〇公克

做法

・把糯米洗過後，泡水五到六個小時，用蒸籠蒸煮約一個小時，讓糯米熟透。

・事先準備三公升的開水，並讓它放涼至六十到七十度。

・把煮好的糯米及開水倒入大鐵碗裡（或大鍋也可），趁熱調入粉碎的麥芽並保溫（維持六十度左右）。讓它經過五到六個小時的發酵（冬天利用電毯等保溫）

・發酵完成的麥芽糖，浮現透明帶著甜味的湯汁，把整鍋麥芽糖倒入紗布袋內，擠榨出第一次的麥芽糖湯汁。

・接著再拿六十到七十度的開水，沖入榨乾第一次湯汁的麥芽糖，用手在熱湯上連著紗布袋像在扭洗衣物般，把甜甜粘粘的湯汁再度榨乾。

・把帶著麥芽香氣的湯汁放入大鍋內，用慢火一面煮一面撈取浮上來雜質氣泡。

・連續用小火煮個十小時後，湯汁開始濃稠出現「拉絲」狀，即代表可以起鍋放入玻璃瓶內保存。

加入梅花的麥芽糖

重現孩提時麥芽糖的味覺

Ⅳ珍寶豆

人的味覺是個奇妙的感官，所謂美味的食物不僅指香、甜、苦、辣等正常口感，還包括食物因發酵而散放出來的「異臭」。在日本的發酵食品中，以納豆的臭味最令人驚豔。依筆者的經驗，凡是喜歡臭豆腐的人，吃過納豆後多能適應它的臭，若又有機會習得各色不同的納豆調味法，多數都能愛上讓日本人引以為傲的健康食品——納豆。

納豆是少數蒸煮後發酵製成的大豆加工品，大豆的蛋白質因為發酵而分解，營養價值變得更容易吸收。納豆裡面含有豐富的維他命B_2，維他命B_2是脂肪及糖分新陳代謝所必需的維他命，對於防止肥胖、動脈硬化、口內炎、肌肉拉挫傷及恢復疲勞等都有直接的功效。納豆的納豆菌所產生維化命K_2，幫助多吃納豆的中高年人口，減少骨質疏鬆症的問題。納豆裡含有一種「納豆激酶」（Kinase）能夠溶解血管阻塞的血栓，防止心肌梗塞、腦梗塞等疾病。一般的血栓症多在早晨病發，因此每天早上吃納豆是防治腦中風及心肌梗塞的有效食療。

日本人有一句俗話說：「若能發明無絲納豆速成富翁。」因為，不拉絲的納豆太稀奇了，而且即使喜歡吃納豆的人，也都不喜歡它身上膠黏的絲，有人開發不拉絲的納豆保證會大賣特賣。其實，那些吃到嘴裡還留有黏度的絲，可是納豆因發酵而散出臭美味的原因，這也是納豆的營養來源。其實，納豆含有稱為 arginine 的天然胺基酸，arginine 有增強性能力的作用，從前日本人甚至以多吃納豆來助性。這也就難怪，日本俗話中多用納豆形容男女親熱感情。納豆裡的

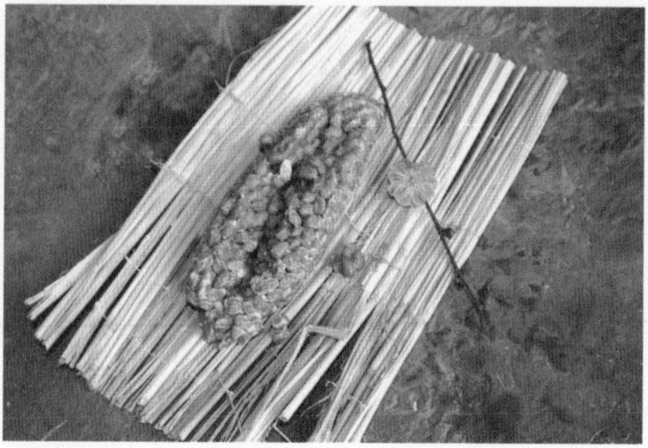

用稻草發酵的納豆特別臭

卵磷脂（lecithin）及納豆菌，有防止腦部老化、老人性記憶退化等功能。

美食家同時也是陶藝家的北大路魯山人，就有一帖簡單又明瞭的「魯山人納豆」。做法是選擇小粒納豆，打開後先把納豆放入碗裡，在什麼調味料都不加的狀態下，用筷子快速攪拌三百零五次，加了醬油後再攪拌一百一十九次，兩者加起來合計四百二十四次。醬油分二至三次調入，最後才加入蔥花及芥末即完成。用筷子攪拌，就是要讓那些絲纏與大豆在空氣中再度發酵一次，這個攪拌的功夫不但讓納豆出現更高的營養價值，也讓納豆的「香味」澎脹四溢。

看起來不起眼的納豆，經過熱愛納豆的美食家、陶藝家、料理研究家的巧思妝點，現在不但能和洋混合變化無窮，還能配著麵包烤著吃，也能加入韓式泡菜裡一起炒，甚至也有人把納豆切碎，包成煎餃子沾辣油吃。把納豆加熱的食法，其實都是想要避開納豆的臭味。加熱的納豆吃法算是旁門左道。朋友野村最為推崇的納豆食譜是「義式鄉村起司拌黑納豆」，她認為這道高級感十足的納豆，絕對可以成為日本國宴的下酒菜。

納豆裡的 lecithin 及納豆菌，有防止腦部老化、老人性記憶退化等功能。納豆對於準備考試的青年學子，也有增強記憶力強化集中的效果。例如，東京大學

畢業的演藝界才女菊川伶，就說她是天天吃納豆考上東京大學的。甜美的偶像明星上戶彩則說，她是靠納豆的美顏能量讓皮膚保持美白及彈性。此外，納豆含有天然的女性荷爾蒙，是進入更年期的女性最佳食方，每天食用納豆的更年期女性，不但可以減緩更年期症候群，同時也有防止子宮癌的功效。

筆者初來日本求學時，在校園裡的食堂第一次巧遇納豆時，因為味道令我想念起臭豆腐的原故，吃上第一口就愛上了日本人的納豆。其後，與無蝶相初識第一次約會時，讓我們談得投機的話題竟然也是納豆。如今只要有朋友關心健康，我往往推薦多吃納豆，還教他們帶一小盒市售納豆回台，然後下廚泡煮大豆，學會控制適當的溫度動手釀造納豆。對於愛吃納豆的人，做一次足夠一家人吃一個月，根本不用到日系百貨公司買進口的納豆。

過去，日本的農家都像野村家自己釀納豆，這不僅因為大豆是自家的農作物而已，最主要是納豆的釀製法非常簡單，利用秋收後的農閒期，家中的老人小孩誰都能幫忙做。十月、十一月不冷不熱的天氣，溫度上很適合納豆菌的生長，剛煮熟的大豆不用等它涼，直接包在事先做好的稻草包上，順手掛在陰涼沒有雨水之處的地方，經過一週的時間大豆就變成納豆了。

一般而言，納豆放入稻草包內開始發酵時，納豆菌的胞子即開始發酵增長，以攝氏四十度加溫約三十分鐘後即會開始倍增，連續加溫十六個小時的納豆菌，會快速增加到四十億倍左右。經過發酵的納豆，比一般的大豆含有的維他命B_2多出四倍，此外還有強腦健腦作用的納豆菌、胺基酸、酵素等等。不過，現在的稻草有農藥的危機，以致於市售的納豆都改成保麗龍包裝，雖然營養價值沒有因此減少，但卻也因此失去了不少臭美之香味。

納豆

日本人引以為傲的健康食品

材料

大豆三〇〇公克／市售的納豆十到二十粒

材料

・拿三〇〇公克大豆洗好泡一夜，讓它充分吸收水分膨脹二至三倍。

・把泡過一夜的大豆倒入鍋內，開大火，豆子煮沸後去掉上層的浮沫及雜質。接著用中火一直煮到大豆變軟即可。一般的大豆約要四到五小時才能變軟，因此建議一次多煮一點大豆，冷凍在冰箱裡分次發酵。

・用濾斗把煮熟大豆的水分去掉，將大豆倒入平淺底的膠盤中，接著拿市售的納豆包一小匙，與預定發酵的大豆混合均勻。

・若經過二十個小時則散發出濃重香臭氣，納豆菌因發酵產生的絲纏讓納豆的黏度更高。

♥日本的發酵食品業者開發了乾燥「納豆菌」，有意大量生產自製納豆的人，可以考慮採用粉粒狀「納豆菌」釀納豆。

蛋包納豆的材料

後記：我是孫悟空

去年的夏天，無蝶在搬到那須後，因為炎夏大搬遷勞累造成免疫力低下，罹患了疼痛難耐的帶狀疱疹。由於病發突然，時逢中元的連休假期，一時找不到適當的醫院就醫。於是，我們搭乘朋友開來救急的車，緊急來到那須有名的高原病院。那須高原病院原為日本全國著名的精神病院，最近因與某醫科大學合作而增設了內科、皮膚科等，現在平日也為一般病人看診。當天，在等待無蝶就診時，我走到醫院外的庭院張望，看到一個年約二十歲的青年跪在草坪上大聲禱告。

那個臉色青白，輪廓俊俏的大男孩，誇張又神經質地跪地大聲禱告，他時而仰頭向天做喊呼狀，時而低視草坪喃喃自語，最後合掌握拳地說：「奉耶穌基督、聖母瑪麗亞，還有觀音菩薩、孫悟空之名，把這祈禱詞獻給神，阿門。」當筆者聽到他說奉孫悟空之名時，不禁噗一聲笑了出來。這男孩的禱告內容不詳，但他所奉的聖賢之名，真是太打動人心了，太可愛了！回到家後，我把在高原醫院聽

「手作」是生活的根本

到男患者草地禱告的情形說給無蝶聽，心有所感地還畫了個孫行者耍棒掃妖的姿勢，嘻嘻玩笑說：「我願我是那個造反，瘋癲的孫悟空，喝！」

無蝶立刻不示弱地回我說：「我才是真的孫悟空呢，我屬猴，還有誰比我更像孫悟空啊。」說實在的，無蝶一生特立獨行，不媚俗的逆向思考方式，平日堅守苦修的行者生活原則，真的比我這個只能活在潛意識裡的孫悟空還要孫悟空。從深層心理學來看，孫悟空即是榮格深層心理學中，東方人集體潛意識的濃縮象徵，也是一種能振奮人心，能讓潛意識與意識正面交流的元型（archetype）。為了認識孫悟空，我重讀了吳承恩的《西遊記》，也看了日本版本、中國版本不同文化所詮釋的孫悟空，最後還發現日本知名作家曾改寫、改編的不同版本的《新西遊記》。

孫悟空原本是由花果山頂巨石迸裂而生的石猿，無姓無名無父無母，當然也無國籍沒有護照。因為一無所有，他若要成仙得道必須「重生」。當孫行者生在如此錯亂、乾坤倒置的逆境，要讓自己棼而不紊的活下去，唯一的途徑就是設法讓自己重生。而重生的辦法，正是聖經裡說的重返母胎，也是佛門或道家說的「胎藏」之術。當年，重新詮釋「西遊記」的作家把自己神隱起來，刻意讓孫行者在自己的內部發酵竄行，為的是觀照自己長年不見天日的潛意識，重整分裂對立的內面世界。

日本戰敗後，因時局及國家認同的錯亂，價值觀及認同分裂造成的精神痛苦，讓許多從戰場退下來的台灣人、日本人（其中包括筆者的父親及無蝶的老父）都染上了酗酒及憂鬱症。當時，他們時逢自己的中年危機，因不堪子女、妻子及社會的質疑，在家庭及社會同時頓失了自處的地位。這些由戰場退下來的父老一輩們，他們還來不及學成孫悟空的變通之術，因鬱卒或戰地帶回的宿疾纏身，不是臥病不起不久於人世，就是像吳念真的父親一樣，乾脆自殺了己。

筆者認為，現世的心猿之亂，應該與我們現代人用腦過度想太多了，自己的身體卻動不了活在我們內心裡的潑猴一根汗毛，身心失衡不能始終如一有關。很多文人或拿筆（打電腦）用腦過多的人，因為電波幅射線加上運動不足，很容易得了所謂的「自律神精失調症」。症狀就是失眠、焦燥、妄想，深夜半睡半醒時，

想著自己的昨是今非，人生無常，生老病死的不安。這種中年人失眠時特有的精神狀態，用禪精神醫學來看通稱為「禪病」，用現代精神醫學來看叫做「心氣神經症」，用一般民間通俗的說法叫做「精神衰弱」。

談理論說學問之外，其實我們現代人更需要動手動腳做實踐，以勞動豁達身心好觀測自己的潛意識、以活動筋骨指向那個孫悟空！把心猿放逐於勞動的身體任其遨遊，然後於觀自在菩薩指引下，得以隨師走上「三藏道」。也許，有人會認為胎藏或孫悟空的觀自在，是道家的術士之方，談不上做為深層心理學的治癒之路。不過，以同樣生逢戰亂的心理學家榮格，他們畢生的深層心理學研究其實就是教人如何向內做「觀照」。

《西遊記》原作者吳承恩，顯然把自己向內探求真我的體驗，與孫悟空的降魔西遊重疊為一，把急猴腮視為爆跳的「心」，把觀自在菩薩奉為神的開導，再把一個十世修行的唐僧比做肉身之體。由此看來，人的心與體本來就是完全不同之物，若無高人指引，如何心體合一？《西遊記》的原作者在故事的中段，描寫孫行者「二心攪亂大乾坤，一體難修真寂滅」出現真假行者的分裂廝殺，這也許透露了孫行者所代表的身心分裂的症狀。

事實上，孫悟空自己也是為了未能受邀參加蟠桃大會，所以造反天宮成為天下第一妖，既是妖又能精練成菩薩的徒弟，顯示孫大聖身法不凡。因為孫悟空的原故，我們不但發現了菩薩成者為佛，敗者為妖的事實，其實也發現即令被稱為真人的唐三藏，在孫行者「五莊觀竊人參果」的一場，因被仙童一口咬定潑猴偷了四個人參果，那兩個送上來的人參果被玄奘推辭就不說了，四個人參果中的一個是否被三藏暗吞，是日本版新西遊記最懸疑的焦點。

其實，吳承恩的《西遊記》已把東洋深層心理學的內觀方法寫得極完整，他把一顆人自已控制不了的心比成急急跳跳的心猿，真是神妙極了。心猿想在如來掌中求真假，那也未免太徒勞了。有道是：「真經必得真人取，魔怪千般總是虛。」最後，到底是假老孫與真玄奘合作取得的真經，還是假玄奘與假孫悟空取得的真經，連作者本人都恐怕難辨是非了吧。有一個是事實，那就是心猿先是取得假真經，後來再度往西行，二度才把真經取回。筆者認為，結尾真假的一雙一對，而人心的妖精與菩薩同在，才是心猿西遊故事的重點

比起佛洛伊德用希臘悲劇近親相姦的故事，詮釋伊底帕斯情節的弑父，孫悟空的故事顯得智慧多了。比起榮格以太母做為象徵，指引我們要與潛意識裡的太

母對決，老孫的觀自在要和平多了。重讀西遊記的大心得，就是明白了西洋的精神分析療程，其實在中國古典小說《西遊記》都有了；而且，《西遊記》最後指向的是人應該與自己最親近的人合解，這比起西洋人深層心理學研究要實際。

幾年前，我曾為某國立文教機關做口譯，帶他們一組人去某自給自足型的NPO法人公社參觀。那個公社創辦人的大家長，解釋為什麼有機發酵土壤栽培的自然食材可以救治人心的道理。他說，地球上的人口不斷地的增加，紛爭及戰爭讓人類變成了地球上的「癌細胞」。如果，要讓地球上所有的人類都吃到好的優質食物，再多六至十個地球也不夠。這位大家長斷言說：「人類是地球上的癌細胞，人類正一步一步走上滅絕之路。」

當晚與成員連大人小孩一百多人的大家庭共進晚餐，合唱團的成員們還為我們舉辦了一個歡迎演唱會，當我聽到女聲主唱對著我重複唱著「我不知道我為什麼要活下去」的歌詞時，不覺一直地流淚，後來竟變成泫泣不止，最後甚至嗚咽哭得無法繼續口譯。因為，我曾經被醫師宣告我身上有「癌細胞」，而且當我動了手術切除了那些壞細胞後，醫生說它其實依然存在。

經過了再三再四的考量，現在我想選擇與癌細胞共生，我想與癌細胞共生共滅。因為，以我現在的身體，除了選擇「共生」之外沒有其他的細胞可以再失去。日文裡的「共生」（共に生きる）可以形容夫婦親子及兄弟姊妹，也可以指與戰友或同僚之間的友情，甚至連敵人都可以用「共生」的概念加以化解。無蝶夫人把「共生」應用在發酵食品健康法，最後還把「共生」放在人生的疾患上，提倡一種與「病痛共生」與癌細胞共生的自然治癒理念。不過，說來容易做時難。與敵人共生都不太可能了，與病共生實在太難了吧？

是的，一點都沒錯，但我一直都在實踐中。我相信所有的人，只要採取共生原則的生活實踐，其實都可以把壞的細胞變好，然後以自然淘汰方式讓癌細胞新陳代謝出去。而且，人可以透過親近土地，勞動筋骨的機會讓身心恢復，用勞動代替祈禱的方式重新找到對自然的信望愛，透過真的味覺、好的食材的治癒，重新讓潛意識裡的再生之力從心甦醒過來。

話可能說遠了，筆者要在跋後記強調的是，這本書曾令筆者費盡千辛萬苦，如孫行者遇上千萬妖魔，身陷身心不一的迷障多年，要不是無蝶這位深知猴性的師父指引，其實我還不知要在真假之間纏繞多久。筆者長年喪失時間的身心症狀，最後在不斷精進的發酵食品技藝裡，同時找回了真如也尋回了遺失百年的昔日時

勞動中的子孫三代各有表情

間。那些遺失在昔日山河之外的時間，因為我與無蝶同心協力的手作發酵，靠著味覺一點一點地回到我的面前來。

當那些失落的時間回到我的內在世界時，我發現它們比我們走過逝去的昭和時間更深更悠遠，因為有時間有年代的發酵美味，讓我與無蝶得以走入另一個時代。回頭一看，昭和已經結束了，我們已經進入了父母未生時的大正時期了。

附錄：雨後荷鋤來耕心

最近，曾聽ＮＨＫ廣播提到，某位住在宮城縣石卷市受災的男子，哀傷地提起他太太在大地震當天，急著開車往海岸線公路方向急馳，開車上路的太太不久即被襲捲而來的海嘯連人帶車吞沒而去。太太擔心兩個留在學校的孩子，大地震後平安無事地回到家。但他的太太至今找不到屍骨。這位中年男性接受訪問時哽咽地說：「我很後悔，那天早上要出門時，還跟她（太太）吵架，與她相罵不好聽的話，成了我與她最後交換的語言。」

其實，三一一發生的前三、四天前，我與外子無蝶也為了到底要不要同行到東北而吵架。在大地震前，我們夫婦同時感受到一股莫明的「不安」；而且七日早晨下了一場奇異的三月雪，這場下了一整天的細雪，讓無蝶預想到東北路況恐因有「打滑」之危，毅然決定改搭新幹線一個人獨行前往東北。聽到廣播中那位悔恨男子的心聲，真的覺得今後無論外子為什麼要出門，都一定要歡喜地送他出門才好。

無蝶在大地震的當天，由仙台搭新幹線回到東京後，在上野轉搭成田線進入我孫子時遇到大震。輾轉波折數次，終究平安地回到了家。回想起來，若不是七日那場罕見的春雪，我們一家三口可能駕車同行前往東北。回程的十一日當天，我們一家就算十一點開車由仙台出發，以無蝶習慣走「國道」的速度來計算，地震發生的二點四十六分，我們的車子可能正好開到福島縣第一核能發電廠的附近！可以想像的是，我們可能因為大地震後路面坍方下陷，連人帶車被困在最危險的地方數日動彈不得。

大地震後，我們陸續確認了東北朋友們的安危。住在仙台的飯田，他位於松島的老家被海嘯吞滅，住在松島的兩老雖平安無事，但所有財物及回憶都沉沒大海。在宮城縣大谷海岸開民宿的佐佐木家，全家三代七口連七歲及四歲的孫子，都隨著海嘯成為行蹤不明的人口。同樣在石卷市附近小漁村桃浦開民宿的遠藤夫婦，妻子平日在附近小學打工做學童午餐，地震時她隨著全校師生迅速逃往高處，因此倖免於一難。在市區當警衛的遠藤先生，於餘震頻生的數日後，徒步走回到桃浦村自家遺址，在災民收容所找到失聯多日的妻子。

我們的鄰居熊本家來自福島縣浪江，浪江至今仍是人車禁止進入的幅射線擴散汙染區；熊本家的老太太，在大地震之前原本計畫要回去掃墓，因天冷被女兒半強迫地留在家裡。逃過大難的老太太，知道老家因為幅射線擴散人車不能進入的事實後，從此絕口不提娘家的親人，突然失去了所有關於家的記憶。老太太在傍晚散步的路上，遇到熟人就喃喃地說：「他們說我回不了家了！」熊本老太太在這次大地震中，失去了長兄及二哥，還有多名姪甥至今行蹤不明，娘家的原址只剩下幾個沒被海水沖走的破茶碗。

為了撫慰苦難的生靈，最近日本人常討論「地震文學」，村上春樹下一本小說的題裁備受矚目外，吉本芭娜娜的作品《甜美的來生》，即是吉本獻給地震中「負傷」受難讀者的最新小說。小說描寫女主角「小夜子」與他的男朋友開車出遊時發生車禍，車禍當時坐在副駕駛座的「小夜子」，被男友平日放在車上做創作用的破爛銹鐵棍，直接刺入肚腹之中。男友在那場車禍當場死亡，小夜子經過搶救存活下來。但那銹爛鐵棍刺入心腑的「痛」，令小夜子至今過著如幽靈般的日子。

這場百年的大地震，於瞬間震破了人「心」，碎了、毀了、甚至完全失落了。

不僅是大人深深負傷，連孩子們也受了磨難。東日本大地震後，不少人注意受災者的「心的外傷」，來自各處的精神科醫師、牧師及僧侶進入災區，為受災者於震災後出現失眠、失憶甚至想自殺的人做義診及禱告禮拜。也有文化人為小孩子們做巡迴人偶話劇、音樂會、詩歌朗誦會等等。去年聖誕節前，即有人預警災區進入地震後的憂鬱期，災區即將進入自殺率高攀的危險期。為此，有不少義工湧進災區，在「假住宅」熄燈前，為夜夜難眠的災民合唱「搖藍曲」。

在災區經歷生離死別的人，多半眼神呆滯木訥不語，偶爾哭出聲卻沒能掉眼淚。宮澤賢治的〈不要輸給雨〉（雨にも負けず），可能是震災中最摧人淚的一首詩。宮澤生於一八九六年東北岩手縣，在他出生的前兩個月，發生了丙氏八點五「明治三陸大地震」，該大地震曾引起極大規模地殼變動，海嘯造成了二萬二千人的重大傷亡。百餘年後，幾乎在同一個區域內，發生了更驚人的大地震。宮澤的〈不要輸給雨〉，百年後依然代表了那多雨、豪雪、苦難的東北災民的心聲。

這首〈不要輸給雨〉曾在廣播節目中不斷地被朗誦，許多震災後過度驚嚇悲傷而哭不出眼淚的人，於收容災民的「假住宅」聽了〈不要輸給雨〉後，終於接受失去了家園、失去了親人的事實，第一次在被子底下流下如雨的淚水。〈不要輸給雨〉為宮澤晚年作品，當時深受精神疾患所困的宮澤，為了治癒本身前世今生的災厄，成立「羅須地人協會」深入村落講習「農民藝術」，並實地與農民過著植墾的生活。

〈不要輸給雨〉——宮澤賢治

不要輸給雨
不要輸給風
也不要輸給冰雪和夏天的炙熱
保持健康的身體
沒有貪念
絕對不要生氣
總是沉靜的微笑
一日吃四合的糙米
一點味噌和青菜

不管遇到甚麼事
先別加入己見
好好的去看、去聽、去瞭解
而後謹記在心不要忘記
在原野松林的樹蔭中
有我棲身的小小茅草屋
東邊若有生病的孩童
去照顧他的病
西方若有疲倦的母親
去幫她扛起稻桿
南邊如果有快離世的人
去告訴他：不要害怕
北方如果有吵架的人們
去跟他們說：別做這麼無聊的事情了

旱災的時候擔心得流下眼淚
夏季卻寒流來襲　不安的來回踱步
大家說我像個傻子
但我不需要別人稱讚
也毋須他人為我擔憂
我想成為這樣的人

時光荏苒，大地震後出生的東北娃兒們，都快滿六歲了吧。去年的這一天，無蝶庵內於激震後瞬間掉落的梅花，經歷過去一年的風雪，再度輪迴綻放在枝頭！日前，與我同年的平田來電說，他在過年前被社長宣告解雇，生性豪邁樂觀的平田笑說：「繼續再找個把月的工作，若真的沒有適合的工作，就回老家鹿兒島學你們務農，自給自足。」無蝶也鼓勵他說：「『地耕即心耕』，這是自然賜給人最好的治療呢。」（原載二〇一二年三月九日中國時報人間副刊）

VUY0033

陳釀時光

作　者—洪金珠
主　編—李筱婷
美術設計—徐小碧
執行企劃—李昀修
總編輯—曾文娟
董事長、總經理—趙政岷
出版者—時報文化出版企業股份有限公司
10803台北市和平西路三段二四〇號七樓
發行專線／（02）2306-6842
讀者服務專線／0800-231-705、（02）2304-7103
讀者服務傳真／（02）2304-6858
郵撥／1934-4724時報文化出版公司
信箱／台北郵政79～99信箱
時報悅讀網—http://www.readingtimes.com.tw
電子郵箱—books@readingtimes.com.tw
法律顧問—理律法律事務所　陳長文律師、李念祖律師
印刷—和楹印刷股份有限公司
初版一刷—二〇一六年十二月九日
定價—新台幣三五〇元
（缺頁或破損的書，請寄回更換）

時報文化出版公司成立於一九七五年，
並於一九九九年股票上櫃公開發行，於二〇〇八年脫離中時集團非屬旺中，
以「尊重智慧與創意的文化事業」為信念。

國家圖書館出版品預行編目資料

陳釀時光 / 洪金珠著. -- 初版. -- 臺北市 : 時報文化, 2016.12
面；　公分

ISBN 978-957-13-6846-7(平裝)

1.飲食風俗　2.發酵　3.食譜　4.日本

538.7831　　105022559

ISBN 978-957-13-6846-7
Printed in Taiwan